PIÈCES DE THÉATRE

PAR

MONSIEUR X...

Une Nuit de Noces --- Heureux Père !
La Continence de Scipion --- Un Ricochet d'amour.
Lucette --- Que faire ? --- La Vérité.

Tiré à deux cents exemplaires

PARIS
IMPRIMERIE COLLOMBON ET BRULÉ
22, rue de l'Abbaye, 22
1886

Droits de reproduction et de traduction réservés

PIÈCES DE THÉATRE

PIÈCES
DE
THÉATRE

PAR

MONSIEUR X...

Une Nuit de Noces — Heureux Père !
La Continence de Scipion — Un Ricochet d'amour.
Lucette — Que faire ? — La Vérité.

Tiré à deux cents exemplaires

PARIS
IMPRIMERIE COLLOMBON ET BRULÉ
22, rue de l'Abbaye, 22
1886

Droits de reproduction et de traduction réservés.

UNE NUIT DE NOCES.

COMÉDIE EN UN ACTE

PERSONNAGES

Mᵐᵉ SEGUIN.	40 ans
Mᵐᵉ JEANNE MOREL, sa fille.	18 —
M. OCTAVE MOREL, son gendre.	28 —
ROSE, femme de chambre.	30 —

Le théâtre représente une chambre à coucher très élégante. Lit de milieu au fond ; petite porte à gauche ; porte à droite (On entend dans l'éloignement la musique d'un bal.)

SCÈNE I

ROSE, *seule, occupée à mettre tout en ordre sur la cheminée.*

Là, maintenant les jeunes mariés peuvent venir quand ils voudront : Leur nid est prêt ; le reste les regarde. *(Elle s'assied).* Ah ! sont-ils heureux ces gens riches ou plutôt sont-ils bêtes de ne pas l'être davantage ! car, en vérité, le monde semble fait exclusivement pour eux : Ainsi, voilà toute une maison sens dessus dessous par le mariage d'une jeune fille très ordinaire. Son vieux richard de père profite de ce que le premier étage de son immeuble n'est pas loué pour y donner un bal magnifique ; le dîner a eu lieu au second, et c'est ici, au troisième, que nous allons, nous autres, croître et multiplier. Je n'ai pas idée que j'y reste longtemps ; d'abord, les nouveaux mariés abusent, en général, de leurs domestiques ; ils les font veiller sans cesse ; puis les enfants arrivent et alors, merci ! c'est assommant ! Mon Dieu, la petite femme paraît assez douce, assez gentille ; mais le mari est trop amoureux ; oh ! il m'agace ! je suis jalouse du bonheur des autres, moi, je l'avoue.

SCÈNE II

ROSE, Mᵐᵉ SÉGUIN, *arrivant par la droite.*

Mᵐᵉ SÉGUIN. Rose, tout est-il prêt ?

Rose, *se levant.* Oui, madame.

Mᵐᵉ Séguin, *à part, en regardant la pendule.* Déjà quatre heures du matin !... Jeanne danse comme une folle ; je voudrais pourtant bien... car enfin mon gendre s'impatiente... *(haut)* Rose !...

Rose. Madame ?

Mᵐᵉ Séguin. Descendez donc au premier et prévenez adroitement ma fille que je l'attends ici.

Rose. J'y vais, madame. *(Elle sort par la droite en laissant la porte ouverte. On entend la musique d'une valse dans l'éloignement.)*

SCÈNE III

Mᵐᵉ SÉGUIN, *seule, s'asseyant.*

Pauvre enfant !... par quel hasard inconcevable, à l'époque et dans le milieu où nous vivons, a-t-elle pu rester aussi naïve, aussi ignorante des choses de la nature ? Ah ! j'aurai bien de la peine à m'en faire comprendre. Par exemple, mon mari doit être satisfait : Tout s'est admirablement passé, jusqu'au bal qui est splendide. Je n'en voulais pas, moi, car on a l'air de provinciaux ou de gens du commun ; mais Jeanne a tant supplié son père de la faire danser, elle, et surtout ses bonnes amies, que j'ai dû céder, ainsi que mon gendre qui, quoique de mon avis, a fait les honneurs avec une grâce et une complaisance parfaites. Du reste, Octave a eu un succès fou auprès de tout le monde. *(En soupirant).* Ah ! demain, je serai plus calme, plus tranquille. Rose ne revient pas ! *(écoutant)* je n'entends plus la musique ; quelqu'un monte... c'est Jeanne !... je reconnais le bruit de sa robe sur l'escalier *(se levant).* Que vais-je lui dire ? je n'en sais vraiment rien ! Mon Dieu, inspirez-moi !

SCÈNE IV

Mᵐᵉ SÉGUIN, JEANNE, *suivie de* ROSE.

Jeanne, *en toilette de mariée.* Qu'est-ce que tu veux, maman ? voyons, parle vite, car j'ai bien peu de

SCÈNE V.

temps : on va danser une polka et je suis invitée par M. Rouville.

M³ᵐᵉ SÉGUIN, *la serrant dans ses bras.* Chère enfant!...

JEANNE. Tu pleures?

M³ᵐᵉ SÉGUIN. Moi! pas du tout.

JEANNE. Il y a quelqu'un de malade ici, mon père, peut-être?

M³ᵐᵉ SÉGUIN. Non, je te jure.

JEANNE. Ce n'est pas Octave : je le quitte à l'instant.

M³ᵐᵉ SÉGUIN. Ma bonne Jeanne, écoute-moi : Il est tard; tu es fatiguée.

JEANNE. Moi, fatiguée!

M³ᵐᵉ SÉGUIN, *lui essuyant le front avec son mouchoir.* Tiens, regarde! dans quel état te voilà!

JEANNE. Eh bien! quoi? j'ai chaud. Ah! j'espère qu'aujourd'hui tu me laisseras un peu de liberté! d'ailleurs, j'ai accepté plusieurs invitations et je n'irai certainement pas planter là mes danseurs.

M³ᵐᵉ SÉGUIN, *de plus en plus émue,* Jeanne, ma chérie! (*Moment de silence.*)

JEANNE. Quoi? Voyons, dépêche-toi! on m'attend.

M³ᵐᵉ SÉGUIN. Non, ne t'inquiète pas; personne ne t'attendra plus.

JEANNE. Mais je te réponds bien que si.

M³ᵐᵉ SÉGUIN, *à Rose qui se tient discrètement sur le seuil de la porte.* Rose, vous pouvez monter, nous n'avons plus besoin de vous.

ROSE. Bien, madame.

JEANNE. Oh! certainement, pauvre fille! elle doit être éreintée, et Dieu sait à quelle heure finira le bal!

ROSE, *en sortant par la porte de gauche.* Bonsoir, mesdames!

JEANNE. Bonsoir, Rose.

M³ᵐᵉ SÉGUIN. Bonsoir, bonsoir!

SCÈNE V

JEANNE, M³ᵐᵉ SÉGUIN.

JEANNE. J'entends la ritournelle!

Mᵐᵉ SÉGUIN, *la retenant d'une main et fermant la porte de l'autre. Jeanne, (après l'avoir embrassée).* Nous voici seules, écoute-moi bien ! Tu as toute confiance en moi, n'est-ce pas ? Tu sais combien je te chéris ?

JEANNE. Sans doute *(avec impatience).* Tiens, je préfère revenir tout à l'heure; je dirai que tu as besoin de moi.

Mᵐᵉ SÉGUIN. Y songes-tu ? Non, non, il ne faut pas que tu reparaisses dans le bal !

JEANNE, *riant.* Comment ? tu es folle, ma pauvre mère ! Mais après la polka, je fais vis-à-vis à Berthe, qui danse un quadrille avec mon mari... ainsi...

Mᵐᵉ SÉGUIN. Ne crains rien, Octave t'excusera auprès de Berthe.

JEANNE. Encore faut-il qu'il soit prévenu !

Mᵐᵉ SÉGUIN. Il l'est; sois tranquille ! Du reste, tu n'en peux plus !

JEANNE. Quelle drôle de chose ! Ah ! ça, maman, tu veux savoir mieux que moi...

Mᵐᵉ SÉGUIN. Certainement : quand on a aussi mal dormi que toi la nuit dernière !

JEANNE. Parce que je craignais que ma robe ne fût pas prête.

Mᵐᵉ SÉGUIN. Il n'y a qu'à te regarder pour voir que... tu as une mine à faire peur !

JEANNE, *se regardant dans la glace.* Je ne trouve pas.

Mᵐᵉ SÉGUIN, *avec autorité.* Voyons, assieds-toi là ! *(Elle la fait s'asseoir et lui enlève sa couronne de fleurs d'oranger.)*

JEANNE, *furieuse.* Oh ! maman !

Mᵐᵉ SÉGUIN, *la calmant.* Mon enfant, il faut que tu saches enfin quels sont, dans ta nouvelle position, les devoirs que tu auras à remplir envers la société, envers la nature, et sur lesquels il est temps que je t'ouvre les yeux !

JEANNE, *avec des larmes dans la voix.* C'est trop fort ! mon Dieu ! mon Dieu ! Choisir un pareil moment pour me faire encore de la morale !

Mme SÉGUIN. Ce n'est pas de la morale, *(à part)* au contraire.

JEANNE. Alors, qu'est-ce donc ?

Mme SÉGUIN. En épousant Octave, ne l'oublie jamais, ma fille, tu t'es donnée à lui corps et âme !

JEANNE. Je le sais bien.

Mme SÉGUIN. C'est-à-dire que tu lui dois une confiance aveugle, une soumission entière !

JEANNE. Tu me l'as déjà dit, maman. Au reste, tu peux être tranquille; mon intention est d'être pour lui ce qu'il sera pour moi : Ainsi, tant qu'il se montrera aimable, prévenant pour mes moindres désirs, je serai envers lui d'une obéissance passive.

Mme SÉGUIN. Oui, c'est cela, ma fillette; seulement, comprends-moi bien, je veux encore t'expliquer... On frappe ! Qui est là ?

OCTAVE, *en dehors.* Moi !

JEANNE. C'est Octave.

Mme SÉGUIN, *vivement.* On n'entre pas ! plus tard !

SCÈNE VI

LES MÊMES, OCTAVE, *entrant précipitamment.*

OCTAVE. Pardon; mais... petite mère... je n'y tiens plus ! d'ailleurs, tout le monde s'en va.

JEANNE, *désolée.* Déjà ?

OCTAVE. Oui, aussi, me voilà !

Mme SÉGUIN, *voulant le mettre à la porte.* Mon cher ami, *(à voix basse)* un peu de patience !

OCTAVE, *de même.* Oh ! il ne m'en reste plus du tout.

Mme SÉGUIN. Tant pis, car j'ai encore beaucoup de recommandations à faire à Jeanne.

OCTAVE. Je me charge de tout.

Mme SÉGUIN. Et puis, Rose n'étant plus là, il faut absolument que je serve de femme de chambre à ma fille !

OCTAVE, *gaiement et toujours à voix basse.* A quoi bon ? C'est inutile, je ne veux pas que vous preniez cette peine.

Mme SÉGUIN. Vous n'y songez pas, Octave, mon ami, dans un quart d'heure, vous reviendrez !

OCTAVE. Non, non, je vous assure, c'est impossible.

Mme SÉGUIN. Soyez raisonnable, mon cher enfant !

OCTAVE. Je le suis. Ah ! écoutez, petite mère, ne me faites pas repentir de ma conduite ! Vous le savez, je n'étais ni pour ce bal, ni pour ce dîner, moi. Je désirais enlever ma femme après le lunch ; mais vous m'avez supplié, vous m'avez fait comprendre... enfin, je vous ai cédé ; maintenant, il est juste que...

Mme SÉGUIN. Eh bien ! tenez, je ne vous demande plus que dix minutes ! Vrai ! (*montrant Jeanne*) j'ai besoin de lui parler.

OCTAVE. Moi aussi, je... non, décidément, (*après l'avoir embrassée*) adieu ! adieu !

Mme SÉGUIN. Octave, vous êtes fou, mon bon ami, écoutez-moi donc !

OCTAVE. Non, non ; à propos, M. Séguin est là qui vous demande !

Mme SÉGUIN. Mon mari ? Qu'est-ce qu'il me veut ?

OCTAVE. Je l'ignore.

Mme SÉGUIN. Je vais voir et je reviens tout de suite.

OCTAVE. C'est cela. (*Il la reconduit à travers l'antichambre, puis aussitôt on entend fermer à double tour la porte d'entrée de l'appartement.*)

Mme SÉGUIN, *en dehors*. Oh ! c'est très mal, Octave, Voulez-vous bien m'ouvrir !

OCTAVE, *rentrant, le sourire sur les lèvres*. Elle est furieuse !

JEANNE. Comme vous la taquinez, pauvre mère !

OCTAVE. C'est pour rire ! (*Criant.*) Au revoir ! à demain !

Mme SÉGUIN. Monsieur, je vous ordonne de m'ouvrir ! Je vais me fâcher, à la fin !

OCTAVE, *avant de fermer au verrou la porte de la chambre à coucher*. Je n'entends pas ! bonsoir ! bonne nuit !

SCÈNE VII
(Plus de musique à partir de cette scène).
JEANNE, OCTAVE

JEANNE. Oh! vous avez tort de mettre ainsi ma mère à la porte de chez nous!

OCTAVE, *en riant.* Au contraire, c'est elle qui m'y mettait. Ne crains rien, va; la voilà partie; écoute!

JEANNE. C'est pourtant vrai.

OCTAVE. Et maintenant que nous sommes seuls, ange adoré, laisse-moi te dire tout ce que j'éprouve... Ah! tiens, vrai, je suis ivre de bonheur! *(La prenant dans ses bras et l'embrassant longuement, puis la regardant tout à coup.)* Je ne rêve pas, hein? c'est bien toi? oui! Quand je pense que cette merveille, ce bijou m'appartient tout entier et pour toujours! Dieu! si tu savais combien je l'attendais avec impatience, ce moment où nous allons être enfin l'un à l'autre!

JEANNE, *s'asseyant.* Je vous ferai remarquer, monsieur, que nous le sommes déjà depuis avant-hier, et que cependant vous ne paraissiez pas très fi quand M. le maire nous a mariés.

OCTAVE, *se récriant.* Oh!

JEANNE. Moi, au contraire, je ne voyais que son écharpe autour de son gros ventre et j'avais une furieuse envie de rire.

OCTAVE, *sévèrement.* Eh! bien, mademoiselle!

JEANNE, *fièrement.* Mademoiselle?

OCTAVE. Demain, je te dirai : Madame! Dieu! si tu pouvais lire dans mon cœur! si tu savais quelles émotions je ressens en te voyant là, toute à moi! *(se jetant à genoux).* Tiens, je veux me recueillir; je veux rester immobile à tes genoux et faire durer, le plus longtemps possible, ce moment d'extase, ce moment délicieux où, comme un avare, je compte et recompte mon trésor, sans oser y toucher autrement. Oh! c'est que, vois-tu bien, avant de te connaître, je n'avais jamais aimé!

JEANNE, *vivement.* Plaît-il?

OCTAVE. Je dis que je n'avais jamais aimé!

JEANNE. Vous mentez, monsieur!
OCTAVE. Du moins, jamais ainsi, jamais autant!
JEANNE. C'est possible; mais enfin vous aviez déjà aimé.
OCTAVE. Moi?
JEANNE. Oui... Heureusement, puisque sans cela, je ne vous aurais pas épousé.
OCTAVE, *étonné*. Pourquoi donc? explique-toi!
JEANNE. D'abord, vous pensez bien je voyais depuis longtemps tout ce qui se préparait entre vous et mes parents, à mon sujet; or, j'étais décidée à vous refuser.
OCTAVE. A me refuser?
JEANNE. Certainement, quand un soir, — j'avais été la veille au bal; j'étais donc très fatiguée et tâchais de dormir sur un canapé, — quand j'entendis mon oncle Frédéric répondre avec sa grosse voix à mon père qui lui avait fait une question à l'oreille : « Oh! parbleu, Octave a eu jadis des maîtresses, mais il y a beau temps que tout cela est fini. »
OCTAVE *à part*. L'imbécile!
JEANNE. Je ne peux pas vous dire le plaisir qu'il me fit.
OCTAVE. Le plaisir?
JEANNE. Sans doute, car je commençais à vous aimer... beaucoup, et je regrettais d'avoir à vous refuser.
OCTAVE. Je ne comprends pas...
JEANNE. C'est bien simple pourtant : J'ai changé d'avis dès que j'ai su que nous étions dans la même position.
OCTAVE. Quelle position.
JEANNE. Eh bien! mais... si vous avez eu des maîtresses avant notre mariage, moi, de mon côté, j'ai eu un amant.
OCTAVE. Un amant! quelle plaisanterie!
JEANNE. Ma parole!
OCTAVE, *se relevant*. Allons donc! tu veux rire!
JEANNE. Non, vrai!
OCTAVE, *après l'avoir regardée en face pendant quelques instants*. Jeanne, je t'en supplie, ne me tourmente pas ainsi!

SCÈNE VII

JEANNE. Soit! je ne demande pas mieux que de me taire.

OCTAVE, *après un moment de silence.* Cependant, comme je n'en crois rien, si cela t'amuse...

JEANNE. Oh! pas du tout; au contraire.

OCTAVE. Voyons, dis-moi seulement, je t'en défie, le nom du jeune homme en question!

JEANNE. Il s'appelle Charles Milet.

OCTAVE. Charles Milet?

JEANNE. C'est le fils de cette madame Milet qui était ce matin à l'église et qui vous a fait son compliment pendant que je causais avec le vieux colonel... vous savez, cette dame qui avait une robe verte avec un magnifique manteau garni de fourrures.

OCTAVE. Je n'ai pas remarqué.

JEANNE. La marraine de Berthe, ma cousine.

OCTAVE, *impatienté.* Eh bien, après?

JEANNE. Eh bien! c'est son fils.

OCTAVE. Qui vous aimait?

JEANNE. Oui.

OCTAVE. Et que vous aimiez aussi?

JEANNE, *en hésitant un peu.* Dame, oui.

OCTAVE, *en soupirant.* Où est-il en ce moment?

JEANNE. A Hambourg, dans une maison de commerce ou de banque, je ne sais pas au juste.

OCTAVE. Pourquoi ne l'avez-vous pas épousé?

JEANNE. D'abord parce que nous étions trop jeunes, lui surtout; ensuite, il n'avait pas de position.

OCTAVE, *distrait.* Ah!

JEANNE. Quel bonheur, du reste, que je ne l'aie pas épousé, puisque je devais changer si vite à son égard!

OCTAVE, *à part.* C'est rassurant pour moi!

JEANNE. Ce qu'il y a de certain c'est que je ne l'aime plus!

OCTAVE. Plus du tout?

JEANNE. Oh! plus du tout, je vous en réponds.

OCTAVE. Et depuis quand?

JEANNE. Depuis que... vous l'avez remplacé dans mon cœur!

OCTAVE, *froidement.* Je suis très flatté.

JEANNE. C'est drôle pourtant qu'on puisse changer à ce point-là !

OCTAVE. Assurément ; mais je suppose que cette passion n'avait rien de bien sérieux ?

JEANNE. Vous vous trompez.

OCTAVE. Ah !... vous vous étiez juré l'un à l'autre un amour éternel ?

JEANNE. Si ce n'était que ça !

OCTAVE. Vous auriez donc été un peu plus loin ?

JEANNE. Je crois bien ! nous avions même été très loin.

OCTAVE, *s'efforçant toujours de paraître gai.* Ah ! mon Dieu ! et jusqu'où, s'il vous plaît ?

JEANNE. Ma foi ! aussi loin que possible.

OCTAVE, *furieux.* Allons donc, vous ne savez ce que vous dites, ma chère !

JEANNE Je vous demande pardon, et si je vous racontais tous les détails, vous verriez que...

OCTAVE, *à part* Je n'y tiens plus ! (*haut*) Parlez alors et surtout soyez franche !

JEANNE. Il me semble que je le suis !

OCTAVE. C'est vrai ! je le reconnais (*tout haletant*), Eh ! bien, voyons !.. mais si c'est une... plaisanterie de votre part, je vous préviens qu'elle est de fort mauvais goût.

JEANNE. Je ne plaisante nullement.

OCTAVE, *soupirant de nouveau.* A la bonne heure ! ainsi donc vous voulez me donner à entendre que vous auriez reçu de ce jeune homme des preuves... matérielles de sa tendresse ?

JEANNE. Hélas !... oui...

OCTAVE. Tenez, vous êtes folle ! je ne puis le croire ; si cela était, vous ne le diriez pas. Non, c'est absurde ! comprenez-vous seulement la portée de vos paroles ?

JEANNE. Certainement.

OCTAVE. Vous savez qu'en amour, les promesses, les serments, les cadeaux, les lettres, tout cela et rien, c'est absolument la même chose !

JEANNE. Ah ! vraiment ?... vous trouvez ?

OCTAVE. Mais ce qui est plus grave... enfin, y a-t-il

jamais eu entre vous et ce jeune homme cet échange de... caresses, qui ne doit exister qu'entre gens mariés ? (*Après un moment de silence.*) Vous ne répondez pas !

JEANNE. En tout cas, ce n'a pas été de ma faute !

OCTAVE, *à part.* O Ciel ! (*Haut et d'un ton solennel.*) Jeanne, vous me comprenez bien, n'est-ce pas ?

JEANNE. Sans doute.

OCTAVE, *de plus en plus agité.* Encore une fois... vous voyez que je suis calme ; expliquez-vous donc sans crainte et répondez-moi un mot, un seul : oui ou non ?

JEANNE...... Oui !

OCTAVE, *la menaçant.* Malheureuse ! Oh ! c'est trop fort ! (*La saisissant par un bras.*) Venez ici ! donnez-moi tous les détails ; dites-moi quand, où ; j'ai le droit de vous interroger.

JEANNE, *debout.* Je le sais.

OCTAVE. Eh bien ?

JEANNE. Eh bien ! la première fois, c'était à la campagne ; un soir, je traversais le billard pour aller chercher mon panier à ouvrage que j'avais laissé dans le petit salon du rez-de-chaussée ; j'étais sans lumière, lorsque tout à coup il s'élança sur moi, en me faisant une peur...

OCTAVE, *à part.* Le misérable !

JEANNE. Et j'avais beau crier...

OCTAVE. Mais votre mère, votre père, où étaient-ils pendant ce temps-là ?

JEANNE. Ma mère était au premier.

OCTAVE. Elle n'entendait donc rien ?

JEANNE. Non, parce qu'on y faisait de la musique, on y chantait.

OCTAVE, *ironiquement.* Très bien !

JEANNE. Quant à mon père, il était chez un voisin à faire son whist.

OCTAVE, *haussant les épaules.* Parfait !

JEANNE. La seconde fois...

OCTAVE, *durement.* C'est bon ! assez ! (*Il se promène à grands pas dans la chambre.*)

JEANNE, *à part, après un moment de silence.* A-t-on

idée d'une..... injustice pareille ? Il oublie que j'aurais le droit de lui faire les mêmes reproches !

Octave, *s'arrêtant, à part.* Quelle impudence ! oser m'avouer... Non, je n'en reviens pas encore ! Et ce sang-froid, cette indifférence ! Il n'y a pas de danger qu'elle pleure, seulement !

Jeanne, *à part.* Avec quels yeux il me regarde ! Dieu ! A-t-il l'air méchant !

Octave, *à part.* Oh ! ce serait à se briser la tête contre les murs ! (*Il recommence à se promener, en faisant résonner ses talons.*)

Jeanne, *après un moment de silence.* Octave, si vous continuez à faire ce bruit-là...

Octave. Taisez-vous ! je vous défends de me parler !

Jeanne. Je ne vous parle pas ; je vous avertis simplement que vous allez réveiller toute la maison.

Octave. Que m'importe ?

Jeanne. A commencer par mon père et ma mère qui couchent au-dessous.

Octave, *cessant de marcher au bout d'un instant.* Tant mieux, c'est ce que je demande ! Je veux du scandale, moi ! (*en se croisant les bras*). Si vous croyez que tout cela se passera en conversations, vous vous trompez, je vous en préviens ! (*Il recommence à se promener.*)

Jeanne, *timidement.* Mon Dieu, je me disais tout à l'heure que j'aurais le droit de vous adresser les mêmes reproches, car enfin... puisque vous avez eu des maîtresses, c'est exactement la même chose !

Octave, *furieux.* Vous moquez-vous de moi ?

Jeanne, *à part.* Il paraît que, de son côté, ça n'avait pas été aussi loin !

Octave. Et pourquoi donc avez-vous attendu jusqu'à ce jour pour me révéler ces infamies ?

Jeanne. Parce que vous ne m'avez jamais fait de confidences sur votre passé, ni ne m'avez jamais questionnée sur le mien.

Octave. C'est possible, j'ai eu tort ; mais ce n'était pas une raison pour me tromper, pour me trahir de la sorte !

JEANNE. Je vous répète que nous étions... à peu près dans la même situation, l'un vis-à-vis de l'autre.

OCTAVE. Oui-dà! vous trouvez? (*à part*), ce serait commode! on n'est pas bête à ce point-là! (*haut.*) Que faire maintenant?

JEANNE. Ce que vous voudrez; je souscris à tout.

OCTAVE. Même à une belle et bonne séparation, n'est-ce pas?

JEANNE. Une séparation!... (*elle se met à pleurer*).

OCTAVE. Ou plutôt le divorce! vous seriez trop contente, hein? (*la prenant par un bras et lui découvrant le visage*). Tenez, savez-vous à quoi je pense?

JEANNE. Non.

OCTAVE. Je me dis que... ce que j'aurais peut-être de mieux à faire, ce serait de tuer... vous d'abord, et... moi ensuite!

JEANNE, *avec énergie*. Faites donc! je vous appartiens!

OCTAVE, *en haussant les épaules*. Vous savez bien que je n'en serais pas capable! Mais, avant tout, il faut que j'aie une explication avec votre père!

JEANNE, *effrayée*. Pourquoi?

OCTAVE. J'ai hâte de lui exprimer ma façon de penser sur... (*à part*) au fait, à quoi bon? Ne vaut-il pas mieux quitter cette maison pour toujours et m'en aller sans rien dire à personne? Oui, c'est ce qu'il y a de plus naturel et de plus digne, car, en vérité, je ne peux pas, je ne dois pas rester ici! (*Il ouvre la première porte fermée au verrou, et s'arrête sur le seuil, comme s'il allait parler, puis s'élance hors de la scène sans ajouter un seul mot et en poussant la seconde porte avec force.*)

SCÈNE VIII

JEANNE, *seule*.

Mon Dieu! ayez pitié de moi! (*Elle tombe à genoux devant une chaise sur laquelle elle reste appuyée la tête dans ses mains. Après quelques instants de silence*). Quelle fureur! quelle exagération! quelle folie ! me menacer du divorce ! cela me serait bien égal si je ne l'aimais pas ! mais... Oh ! non, jamais je n'y consentirai. Chose singulière : Plus il est dur et cruel envers moi, plus il me semble que je tiens à lui ! Comme il me trompait ou plutôt se trompait lui-même en me jurant qu'il n'était pas jaloux ! Pas jaloux, lui ! non, merci ! c'est-à-dire qu'il n'y a personne au monde qui puisse lui être comparé sous ce rapport !... Du reste, j'avais déjà remarqué que ses sourcils se rejoignaient là, sur le front, et on prétend que c'est un signe de jalousie qui ne trompe guère. Pour le moment, j'espère que mon père lui fera entendre raison ; de mon côté, je vais aller tout raconter à ma mère ! (*Elle fait quelques pas pour sortir, puis s'arrête effrayée en poussant un cri.*)

SCÈNE IX

JEANNE, OCTAVE.

JEANNE. Vous voilà ?

OCTAVE, *froidement*. Mon Dieu oui, madame, c'est encore moi !

JEANNE. Vous avez vu mon père ?

OCTAVE. Non : J'étais sorti avec l'intention de ne plus remettre les pieds dans cette maison...

JEANNE. Par exemple !

OCTAVE. Mais j'ai réfléchi ; d'ailleurs votre concierge n'a pas jugé à propos de m'ouvrir la porte : Il dort sans doute. Bref, je me suis promené dans la cour ; l'air m'a un peu calmé et je reviens vous annoncer que, décidément, je ferai le moins de bruit possible.

JEANNE. Je vous en remercie.

OCTAVE. Je n'oublierai pas tout à fait que je vous ai aimée, que vous portez mon nom et que ce matin même j'ai juré de vous protéger ! Que vous dirai-je encore ? Votre franchise et votre courage m'ont ému, je l'avoue ! Voici donc ce que j'ai résolu : Jusqu'à demain matin, si vous y consentez, nous continuerons à jouer cette comédie de tendresse, de bonheur. Puis, vers onze heures, j'annoncerai la réception d'un télégramme de Cannes, me prévenant que cet oncle à héritage, sur lequel votre père fonde à tort de si grandes espérances, est au plus mal et réclame ma présence auprès de lui.

Jeanne. Comment?

Octave. Ce soir donc, moi qui suis orphelin, je quitterai pour longtemps Paris, et sans trop de regrets, j'espère.

Jeanne, *haussant les épaules.* Que voulez-vous que je vous dise? Vous êtes fou, fou à lier!

Octave. Vraiment? vous pensez que tout autre, à ma place, prendrait plus philosophiquement son parti et trouverait tout naturel que...

Jeanne. Ah! ça, vous vous imaginez donc que je suis la seule jeune fille qui ait eu une passion avant son mariage?

Octave. Non, mais...

Jeanne. Et quelle passion encore! elle me fait pitié depuis que je sais ce que c'est que d'aimer réellement!

Octave, *s'inclinant.* Trop bonne, en vérité!

Jeanne. Selon vous, les veuves, parce qu'elles ont déjà aimé, n'auraient donc plus le droit de se remarier?

Octave. Je vous demande pardon.

Jeanne. Eh bien! alors, considérez-moi comme une veuve, voilà tout.

Octave. Mon Dieu, oui, voilà tout! (*A part*). C'est inouï! Je ne sais, par moments, quel est celui de nous deux qui jouit de son bon sens!

Jeanne. Que diriez vous donc si vous étiez à la place de M. Legrand?

Octave. Je n'ai pas l'honneur de le connaître!

Jeanne. Lui qui, au contraire, riait aux larmes, quand sa femme, l'autre jour, nous racontait qu'elle avait eu dix-sept passions avant son mariage!

Octave. Permettez...

Jeanne. Elle avait commencé à l'âge de neuf ans; ainsi, c'est bien autre chose!

Octave. Pardon!

Jeanne. Je suis étonnée que vous, qui avez eu des maîtresses...

Octave, *à part.* Elle y tient.

JEANNE. Vous ne connaissiez pas mieux les femmes, en général.

OCTAVE. Vous trouvez ?

JEANNE. Mais vous ignorez donc qu'il y en a qui ont le cœur si précoce, qu'elles éprouvent le besoin d'aimer n'importe qui, en attendant leur mariage.

OCTAVE, *vivement, à part.* Ah! ça, je m'y perds ! Est-ce qu'il y aurait entre nous un malentendu complet! Plût au ciel! (*haut*) Au fait, vous n'avez peut-être pas tout à fait tort.

JEANNE. Ah ! vous en convenez !

OCTAVE. Continuons, du moins, à causer !

JEANNE. Volontiers, (*à part*) comme il se radoucit !

OCTAVE. Avant tout, je vous supplie de me faire de nouveau votre confession entière.

JEANNE. Je ne demande pas mieux... surtout si vous me promettez de ne plus vous fâcher.

OCTAVE. Ne craignez rien ! Tenez, commençons tout de suite par le dénouement ! Dites-moi comment s'est terminée votre liaison... avec ce jeune homme.

JEANNE. Nous nous sommes brouillés... simplement.

OCTAVE. Ah !

JEANNE. Je ne l'avais pas pris en traître : je l'avais prévenu que, s'il recommençait, je dirais tout à ma mère.

OCTAVE. Eh bien ?

JEANNE. Comme au bout de quelque temps il a recommencé...

OCTAVE, *vivement.* A quoi ?

JEANNE, *avec crainte.* Vous le savez bien... à... m'embrasser...

OCTAVE, *avec joie.* A t'embrasser ?

JEANNE. De force ! je le jure, sur l'honneur !...

OCTAVE. Je n'en doute pas !

JEANNE. Alors ma mère l'a mis à la porte, et nous ne nous sommes plus revus que dans les grandes occasions.

OCTAVE, *à part.* Ah ! je respire, car j'étouffais. Dieu ! que c'est bon !...

JEANNE. Au reste, je vois que le pauvre garçon n'était pas si coupable, puisque la plupart des jeunes gens en font autant, et que vous-même... à votre tour, monsieur, à me raconter...

OCTAVE, *à part.* Grand Dieu ! qu'exige-t-elle ?

JEANNE. Voyons, Octave, la main sur la conscience, est-ce que, de votre côté, ce n'a pas été à peu près la même chose ?

OCTAVE. Non, je t'assure !

JEANNE. Oh ! vous avez dit cela avec tant de conviction que... je vous crois.

OCTAVE. Jeanne, ma chère Jeanne, j'étais un insensé, ou plutôt un imbécile !

JEANNE. A la bonne heure, donc ! (*A part.*) Est-ce drôle ? Voilà qu'il semble enchanté !

OCTAVE, *à part.* Comment expliquer ma conduite, maintenant ? (*Haut, en tombant à genoux.*) Tiens, regarde ! je suis à tes pieds; me pardonneras-tu cet accès ridicule de jalousie ?

JEANNE. Il le faut bien !

OCTAVE. Sois tranquille, désormais... (*A part.*) Quelle innocence ! Je tremble que l'avenir ne lui dévoile mon passé !

JEANNE. Ne parlons plus jamais de tout cela ! (*Avec regret.*) Pourquoi ma mère m'a-t-elle empêchée de vous le confier, sous prétexte que c'était un enfantillage ?

OCTAVE. En effet.

JEANNE. Maintenant que je sais combien vous êtes jaloux, toutes mes pensées, toutes mes actions, vous les connaîtrez, ce qui est bien facile quand on ne se quitte plus.

OCTAVE. Evidemment. (*Se relevant.*) On frappe à la porte du grand escalier !

JEANNE. C'est ma mère, je le parie.

OCTAVE. Tu crois ? prends garde !

JEANNE. Oh ! je vais d'abord m'en assurer. (*Ouvrant la porte de la chambre donnant sur l'antichambre.*) Qui est là ?

OCTAVE. Quelle imprudence !

Mme SÉGUIN, *en dehors.* C'est moi !

JEANNE. Voyez-vous ? J'en étais sûre !

OCTAVE, *à part.* Que le diable l'emporte !

Mme Séguin, *en dehors.* Peut-on entrer ?
Jeanne. Certainement.
Octave, *à voix basse.* Non, je t'en supplie, n'ouvre pas !
Jeanne, *en allant ouvrir la porte d'entrée de l'appartement.* Oh ! par exemple !...

SCÈNE X

Les mêmes, Mme SEGUIN.

Mme Séguin, *embrassant sa fille avec émotion.* Chère enfant, bonjour, comment ça va-t-il ?
Jeanne. Très bien, maman. Si tu savais comme je suis heureuse !
Mme Séguin, *embarrassée.* Ah ! tant mieux.
Jeanne. Figure-toi qu'Octave...
Octave, *en lui faisant signe de se taire.* Jeanne, Jeanne !...
Mme Séguin, *à part, en souriant.* Est-elle drôle ! (*Haut en voulant embrasser Octave.*) Bonjour, mon cher Octave.
Octave, *lui résistant.* Comment, bonjour ? Quelle heure est-il donc ?
Mme Séguin. Dix heures passées. (*Ouvrant les rideaux.*) Voyez plutôt ! il fait grand jour. (*Elle souffle les bougies.*)
Jeanne. Oh ! c'est ma foi vrai !
Octave. Déjà ! (*En embrassant sa belle-mère.*) Bonjour, alors ! avez-vous bien dormi ?
Mme Séguin. Moi ! je n'ai pas fermé l'œil de la nuit.
Jeanne. C'est comme nous !
Mme Séguin. Est-il possible ?
Octave, *faisant toujours des signes à sa femme.* Oui ; c'est à dire que...
Mme Séguin, *surprenant les signes d'Octave.* Je craignais seulement que l'un de vous deux ne fût malade.
Jeanne. Malade ?...
Mme Séguin. Ton père et moi nous avons cru entendre, ici, marcher, crier, sortir, fermer les portes ?

SCÈNE X

Jeanne. Vous ne vous êtes pas trompés.

Mme Séguin. Et ma femme de chambre vient de me dire qu'elle avait aperçu Octave se promenant dans la cour au clair de lune.

Jeanne. Parfaitement.

Octave. La vérité, chère mère, est que... j'ai été malade cette nuit.

Jeanne, (*à part, en riant.*) Lui, malade !

Mme Séguin. Ah ! mon Dieu ! et qu'avez-vous eu ?

Octave. Un violent mal de...

Jeanne. De cœur... ou plutôt de tête, n'est-ce pas ?

Octave. Oui, et surtout d'estomac.

Mme Séguin. Il fallait donc sonner, demander du secours, envoyer chercher le médecin !

Jeanne. Octave est bien descendu appeler le concierge, mais...

Octave. Du reste, Jeanne m'a si admirablement soigné que...

Mme Séguin. Ça va mieux ?

Octave. Oh ! tout à fait bien : J'avais probablement quelque chose (*montrant son estomac*) là...

Jeanne, *à part, en se touchant le front.* Ou plutôt là !

Octave... qui ne voulait pas passer.

Mme Séguin. Alors, j'espère que vous n'allez pas descendre déjeuner avec nous, comme Jeanne le désirait ?

Octave, *s'étendant sur une chaise longue.* Oh ! non ; je vous demanderai même la permission de ne pas quitter cette chambre de la journée, (*serrant une main de sa femme*) pourvu que Jeanne me tienne compagnie. Veux-tu ?

Jeanne. Je crois bien ! seulement, je te prierai, maman, de nous... de m'envoyer à déjeuner par Rose.

Mme Séguin. Naturellement.

Jeanne. Je te préviens que je meurs de faim, moi, et que je mangerais comme quatre.

Mme Séguin. Bon ! je cours donner des ordres. A ce soir, mes enfants !

Jeanne. A dîner !

UNE NUIT DE NOCES

Octave. C'est convenu !
Mme Séguin, *à Octave, en sortant.* Surtout, mon bon ami, tâchez de dormir un peu !
Octave. Oui. (*A part.*) Joliment !

SCÈNE XI
OCTAVE, JEANNE.

Jeanne. Pauvre mère, elle croit à cette maladie !
Octave. Ne la détrompe jamais, entends-tu ?
Jeanne. Je m'en garderai bien ! Elle aurait trop d'inquiétude si elle connaissait votre vraie maladie.
Octave, *la serrant dans ses bras.* Dont on ne guérit pas, tant qu'on aime !
Jeanne. Ne guérissez donc jamais ! C'est égal, je n'admets pas qu'on soit jaloux à ce point-là.
Octave. Cependant...
Jeanne. Surtout quand on a comme nous, jeunesse, beauté, fortune !... Pourquoi se marie-t-on ? pour pouvoir vivre ensemble, n'est-ce pas ? parce que la femme a besoin d'être protégée et l'homme d'être soigné ?
Octave. Sans doute.
Jeanne. Ah ! Et puis, il y a la question des enfants, car, enfin, il faut bien que les hommes se marient pour en avoir !
Octave. Les femmes aussi, je suppose.
Jeanne. Oh ! pas du tout : Elles sont comme les poules ; nous en avons onze sans coq et qui pondent quand ça leur dit.
Octave. Ah !
Jeanne. La preuve, c'est que dans le village où nous passons l'été, j'ai connu une fille qui a eu un enfant avant son mariage, et une femme qui est devenue enceinte, après deux ans de veuvage ?
Octave. Vraiment ?
Jeanne. Vous autres Parisiens, qui ne vivez jamais à la campagne, vous ignorez tout cela ; mais nous, c'est différent. Il y a pourtant une chose que je ne comprends pas...

Octave. Laquelle?

Jeanne. Oh! vous ne pouvez pas savoir : Ma mère elle-même n'a jamais pu me l'expliquer.

Octave. Dis toujours! (*on frappe à la porte de gauche.*) Non, plus tard! (*s'éloignant de Jeanne*) Entrez!

SCÈNE XII

Les mêmes, ROSE, *apportant un plateau chargé de plats, de bouteilles, etc. etc.*

Rose, *à part, en dressant la table.* Tiens, elle a encore sa robe de noces!

Jeanne. Ne faites pas de bruit, Rose : Monsieur est indisposé.

Rose. Bien, madame. (*à part*) C'est donc ça!

Octave, *à Rose.* Là, merci; laissez-nous maintenant!

Rose, *en sortant par la gauche.* Oui, monsieur.

SCÈNE XIII

OCTAVE, JEANNE.

Octave, *se levant.* La voilà partie et je puis enfin te confier un grand secret!

Jeanne. Lequel?

Octave. Apprends que... (*il se penche à son oreille puis l'embrasse.*)

Jeanne, *en riant.* Oh! je suis très curieuse, parlez!

Octave. C'est fait! Tu n'as pas entendu? Tiens, je vais recommencer. (*Il l'embrasse de nouveau*).

Jeanne, *gaiement.* Voyons, finissez donc et dites-moi ce grand secret!

Octave. Tu le veux? Allons, soit! Mais d'abord, attends! (*Il va fermer au verrou la porte de gauche, puis celle de droite.*)

Jeanne. Mon Dieu, que de précautions!

Octave, *l'entourant de ses bras.* Apprends que je t'adore, ô ma Jeanne, et que je suis le plus heureux des hommes! (*Il l'embrasse longuement pendant que le rideau tombe.*)

HEUREUX PÈRE!

DRAME EN UN ACTE

PERSONNAGES :

M. CHAUMET, ancien marchand.	70 ans.
ROBERT, son fils, ingénieur-chimiste.	37 —
AIMÉE, sa nièce.	28 —
M. STÉPHANE.	50 —
JULIENNE, bonne.	50 —

(Vers 1860.)

Le théâtre représente une salle à manger en désordre. Au fond, une porte-fenêtre recouverte d'un rideau et donnant sur une terrasse entourée de toits. Portes latérales. Au milieu, une table servie avec un seul couvert. Plusieurs chaises et un vieux canapé en composent tout le mobilier.

SCÈNE I

JULIENNE, *seule.*

Il ne revient toujours pas ! si j'avais su, j'aurais remis ce plat auprès du feu. *(Renversant une assiette dessus en guise de couvercle.)* Ah ! le pauvre garçon ! quelle tête ! Et dire que c'est presque tous les jours la même chose ! Il faut qu'il ait une fameuse santé pour supporter ce régime-là ! être encore à jeun à midi et et demi ! je ne pourrais pas, moi, je sens déjà mon estomac dans les talons.

SCÈNE II

JULIENNE, CHAUMET, *pâle, défait, arrivant lentement par la droite.*

Julienne. Comment, monsieur, vous vous êtes levé?

Chaumet. Oui, Julienne, afin que vous puissiez refaire mon lit.

Julienne. Ah ! tout à l'heure, je m'en vais d'abord déjeuner.

Chaumet. Sans doute.

Julienne, *lui avançant une chaise.* Vous vous sentez mieux qu'hier ?

CHAUMET. Un peu.

JULIENNE. Vous avez assez bien dormi cette nuit ?

CHAUMET. Surtout ce matin. Qu'est-ce que je voulais donc vous dire ? Ah ! Julienne, il faudra préparer la chambre du fond pour ma nièce, qui arrive demain.

JULIENNE. C'est fait, monsieur, j'y ai pensé.

CHAUMET. Bon ! et, dites-moi, Georges est arrivé à temps à sa pension ?

JULIENNE. Oui, monsieur.

CHAUMET. Bien, ma fille ; n'oubliez pas, ce soir, d'aller le chercher de bonne heure...

JULIENNE. Soyez tranquille !

CHAUMET. Parce que je désire le voir un instant, avant qu'il n'aille se coucher. Le pauvre enfant a fait si peu de bruit ce matin que je ne l'ai pas même entendu se lever.

JULIENNE. A-t-il de la raison pour son âge, ce chérubin-là !

CHAUMET. Et de l'ordre, du soin, de la propreté !

JULIENNE. On dirait qu'il comprend tout, quoi ! Il est déjà plus exact que son père à l'heure des repas. (*Montrant le couvert.*) Vous voyez ?

CHAUMET. Robert n'a pas encore déjeuné ?

JULIENNE. Non, vraiment ; aussi, ce restant de blanquette est froid. Ah ! ça lui est bien égal ! il ne sait seulement pas ce qu'il mange. Quel malheur !

CHAUMET. Prévenez-le dans son laboratoire !

JULIENNE. Il n'y est plus, monsieur. Au moment de se mettre à table, il a tout à coup changé d'avis et est sorti en courant comme un fou.

CHAUMET. Hélas !

JULIENNE, *sortant par la gauche.* Quant à moi, je retourne à ma cuisine, car je meurs de faim.

CHAUMET. Allez, allez, ma fille !

SCÈNE III

CHAUMET, *seul, après avoir soupiré plusieurs fois.*

Ah ! mon Dieu, quelle existence nous menons ici, les uns et les autres ! (*il s'appuie la tête sur une main et se met à réfléchir. Tout à coup on frappe vivement à la porte de gauche).* Entrez !

SCÈNE IV

CHAUMET, AIMÉE, *un petit sac de nuit à la main*

Chaumet. Aimée !

Aimée. Moi-même, mon oncle. *(Elle accourt l'embrasser.)*

Chaumet. Chère enfant, nous ne t'attendions que demain !

Aimée. En effet, je ne devais quitter Lyon que ce soir ; mais une dame de notre connaissance allait à Dijon, et, bien qu'à mon âge on puisse voyager seule, j'ai profité de l'occasion.

Chaumet. Tu as eu raison, ma bonne petite, ta chambre est prête, ainsi...

Aimée. Je le sais ; Julienne vient d'y porter mon bagage.

Chaumet. Dame, tu ne la trouveras ni grande, ni belle, ni très bien meublée...

Aimée. Oh ! Qu'importe !

Chaumet. Tout ici, tu le vois, est dans un triste état.

Aimée, *embarrassée.* Pas du tout.

Chaumet. Tu dois être un peu étonnée que nous logions si haut et si loin ?

Aimée. Nullement, mon bon oncle ; Dieu ! suis-je heureuse de me retrouver auprès de vous ! Et votre petit Georges ? je vais donc enfin le connaître !

Chaumet. Il est bien gentil, va !

Aimée. Et Robert ?

Chaumet. Robert se porte à merveille ; nous allons tous assez bien, sauf moi.

Aimée. Vous, mon oncle, qu'avez-vous donc ?

Chaumet. J'ai... que je suis vieux, mon enfant !

Aimée. Oh ! pas encore.

Chaumet. Et bien changé, hein ?

Aimée. Mais non, je vous assure ; pourtant, savez-vous qu'il y a près de neuf ans que nous ne nous sommes vus ?

SCÈNE IV

Chaumet. Oui, vilaine ! tu nous a quittés quelques jours avant le mariage de Robert.

Aimée. C'était tout naturel : vous alliez avoir une femme pour tenir votre ménage; vous n'aviez donc plus besoin de moi, tandis que ma sœur me réclamait là-bas.

Chaumet. Moi aussi, je tenais à ma nièce, à ma filleule bien-aimée !

Aimée. Oh ! surtout ne vous vantez pas de ce dernier titre, car je ne vous ai pas encore pardonné le mauvais usage que vous en avez fait !

Chaumet. Moi ?

Aimée. En abuser au point de me donner le nom le plus ridicule, le plus...

Chaumet. Aimée ! c'est un nom charmant.

Aimée. Oui, quand il n'est pas menteur.

Chaumet. Et c'est le cas, mademoiselle.

Aimée. Au contraire.

Chaumet. Par exemple ! Tu oublies que nous te chérissions, que nous t'adorions tous avant même que tu fusses née.

Aimée. Soit ! mais après ?

Chaumet. Encore plus, chère enfant ! tu étais si bonne, si aimable, si gentille...

Aimée. Assez, assez, mon oncle !

Chaumet. A ta naissance, tiens ton pauvre père et moi, nous rêvions déjà au moment où tu serais grande et où l'on te marierait !

Aimée, *en haussant les épaules.* Oh !

Chaumet. Toujours avec Robert.

Aimée, *troublée.* Quelle folie !

Chaumet. C'est ce que je lui dis bientôt moi-même quand ta sœur vint au monde : Nous étions associés ensemble, nous avions donc acquis exactement la même fortune ; mais moi je n'avais qu'un enfant, tandis que lui en avait deux ; alors ton pauvre père s'écria tout désolé : « Hélas ! voilà déjà le mariage d'Aimée tombé dans l'eau, puisque Robert aura le double de fortune ! » — « Bah ! bah ! lui répondis-je, quelle sottise ! entre nous, on ne compte pas ainsi ! »

2

Ah ! c'était le bon temps ! étions-nous gais, contents, heureux ! Et comme les affaires marchaient ! En gagnions-nous de cet argent ! Ah ça ! et toi, ma bonne fillette, te trouves-tu heureuse auprès de Clémence, de son mari, de ses enfants ?...

Aimée. Oh ! certainement ; on me soigne bien ; Dame, me voilà devenue une vieille fille, une tante à héritage.

Chaumet. Au fait, c'est vrai, puisque tu n'as pas voulu te marier. Tu as eu tort, car enfin tu étais assez jolie et assez riche pour pouvoir choisir. Ton père, mon associé, avait, juste comme moi, quand nous avons liquidé nos affaires, dix-huit mille livres de rente, en trois pour cent. A sa mort, tu en as eu neuf.

Aimée. Qui se sont pas mal augmentés depuis le temps ; on dépense si peu en province !

Chaumet. Oui, tandis que chez nous, ça a été le contraire.

Aimée. Se peut-il ?

Chaumet. Tout ce que je possédais, ou à peu près, a fondu comme par enchantement.

Aimée. Comment ?...

Chaumet. Que veux-tu ? J'ai été trop ambitieux : j'avais demandé au ciel de me donner pour fils un homme de génie.

Aimée. Et le ciel vous a exaucé !

Chaumet. C'est possible ; mais j'aurais mieux fait de demander pour mon fils la raison et la prudence qui lui manquent !

Aimée, *se récriant*. Oh !

Chaumet. Du reste, ce n'est pas sa faute : Ses études scientifiques, tu te le rappelles, furent des plus brillantes.

Aimée. Je crois bien !

Chaumet. La chimie surtout le passionnait au point qu'il en perdait, comme aujourd'hui, le boire et le manger.

Aimée. C'est vrai.

Chaumet. Il ne tarda pas à s'y donner exclusivement, ce qui ne laissa pas bientôt que de me coûter fort cher.

Aimée. Oui, mais il devenait un savant distingué; il découvrait, il inventait des choses merveilleuses.

Chaumet. Pour lesquelles il me fallait alors payer des brevets qui ne rapportaient jamais rien, si ce n'est des procès en contrefaçon. Tout à coup, voilà qu'un beau jour, monsieur tombe amoureux.

Aimée, à part. Hélas!

Chaumet. D'une jeune fille sans fortune, bien entendu. Que faire? J'ai fini par céder; toi-même m'y poussais.

Aimée. Certainement.

Chaumet. Par malheur, sa pauvre femme n'avait pas plus de prévoyance, pas plus d'ordre que lui-même.

Aimée. Quoi?

Chaumet. Ou du moins, elle prit, ainsi que Robert, le goût du monde, de la toilette, des plaisirs de toutes sortes, et cela dura jusqu'à l'arrivée de mon petit Georges. Heureusement, Sophie voulut le nourrir, ce qui la transforma complètement. Quant à Robert, il retourna à son laboratoire, où il passait des jours et des nuits, me disant toujours, car il se faisait des illusions incroyables, qu'il regagnerait et au delà tout l'argent dévoré par sa maudite science.

Aimée. Pauvre garçon!

Chaumet. Quand on voit le mal qu'il se donne pour nous ruiner tous, on en arrive à regretter qu'il ait fait quelque chose!

Aimée. Peut-être dans l'intérêt de vous d'abord, de Georges et de Robert ensuite, pourriez-vous mettre un frein...

Chaumet. A ses folies? impossible! d'ailleurs, il a cessé depuis longtemps de me rien demander. Il préfère emprunter à des usuriers qu'il espère toujours rembourser sur ses bénéfices imaginaires; puis, quand la bombe éclate et qu'on menace mon fils de la prison, je suis bien forcé de finir par m'exécuter.

Aimée. Que m'apprenez-vous là?

Chaumet. Ce n'est pas tout : Ma bru tombe malade, et, pendant deux ans, c'est-à-dire jusqu'à sa mort, Dieu sait ce qu'il m'a fallu dépenser pour elle! Me vois-tu alors, moi, à mon âge, devenir ménagère et bonne d'enfant, jusqu'au jour où j'ai pu mettre Georges en pension, ce qui est encore un nouveau surcroît de dépenses.

Aimée. Mon pauvre oncle!

Chaumet. Enfin, pour le bouquet, j'ai cru l'été dernier que je n'avais plus de fils!

Aimée. A la suite de cette malheureuse expérience?

Chaumet. Un mois après, Robert était encore aveugle.

Aimée. Grâce au ciel, il n'y paraît plus du tout?

Chaumet. Non; mais s'il en avait été autrement, je me trouvais avec un fils aveugle et un petit-fils de sept ans, n'ayant plus pour vivre, tous trois, que deux mille francs de revenu.

Aimée, *s'essuyant les yeux.* Vous en êtes réduits là?

Chaumet. Oui : comprends-tu mon découragement?

Aimée. Ah! certes; *(après un moment de silence)* c'est égal, vous avez tort de douter de l'avenir : Robert, tôt ou tard, réussira.

Chaumet. On me fait toujours beaucoup de compliments sur lui; il y a même des gens qui trouvent que je dois être très fier d'avoir un tel fils.

Aimée. Assurément.

Chaumet. Si seulement Robert consentait à tirer parti de l'amitié, de l'enthousiasme même qu'il inspire à certaines gens; il y a en ce moment un membre de l'Institut, un homme fort riche et très influent, qui l'adore et lui a même laissé entendre qu'il lui donnerait volontiers sa fille unique, laquelle, à ce qu'il paraît, n'est pas très belle et boite légèrement.

Aimée. Oh!

Chaumet. Qu'importe? est-ce que dans notre position il faut regarder à cela?

Aimée. Par exemple!

Chaumet. Tu te révoltes; eh! bien, Robert est comme

toi. Il ne veut pas en entendre parler. Oh! il a toujours ses mêmes idées absolues sur l'amour.

AIMÉE. Je l'approuve, moi.

CHAUMET. Enfin, que veux-tu? (*se levant avec peine*). tiens, je vais profiter de ce rayon de soleil pour prendre l'air sur la terrasse.

AIMÉE. Vous avez raison; moi, je vous demanderai la permission d'aller me reposer dans ma chambre jusqu'à l'heure du dîner.

CHAUMET. C'est cela. (*Elle lui donne le bras et la conduit à la terrasse, où elle l'installe dans un grand fauteuil dont on n'aperçoit que le dos, puis referme le rideau.*)

SCÈNE V

AIMÉE, *seule*.

Quel changement! je n'en reviens pas! Il me fait mal à voir et à entendre. Ah! si Robert est aussi triste que lui, je n'y tiendrai pas. (*Elle reprend son chapeau et son sac de nuit.*)

SCÈNE VI

AIMÉE, JULIENNE, *suivie de* STÉPHANE.

JULIENNE, *durement*. Non, monsieur, il n'y a personne.

STÉPHANE, *avec insolence*. Vous croyez?

JULIENNE. J'en suis sûre. Tenez, entrez, cherchez partout, jusque dans le laboratoire!

STÉPHANE. Eh bien! alors, je parlerai à son père.

JULIENNE. Du tout, monsieur est malade, très malade.

STÉPHANE, *en regardant Aimée*. Vraiment?

AIMÉE. Oh! oui, je vous affirme que monsieur Chaumet père ne pourrait pas vous recevoir.

STÉPHANE. Ah!

JULIENNE, *bas à Aimée*. Bravo! c'est un créancier, je le reconnais.

STÉPHANE, *s'asseyant*. Je vais attendre le fils, alors.

2.

Julienne. Il va rentrer, puisque voilà son déjeuner qui l'attend.

Stéphane, *avec colère.* Que diable! il me doit de l'argent; son billet est échu, et on ne se moque pas ainsi du monde!

Aimée. Pardon, monsieur, de quelle somme s'agit-il?

Stéphane. De quatorze mille francs, parbleu! et comme j'ai moi-même un paiement à faire demain matin, il faut absolument qu'il me rembourse.

Julienne. Revenez ce soir, à l'heure du dîner!

Stéphane. Merci!

Julienne. Est-ce que vous demeurez loin d'ici?

Stéphane. Non : rue Saint-Sauveur.

Julienne. Je vous remets maintenant; vous êtes monsieur...

Stéphane. Stéphane.

Julienne. Parfaitement; je suis allée une fois chez vous.

Stéphane, *se levant.* Ecoutez, j'ai une course à faire ici près; je repasserai (*regardant à sa montre*) dans vingt minutes; si, par hasard, il rentre d'ici-là, vous le prierez de m'attendre.

Julienne. Bien.

Stéphane, *en sortant.* Ou s'il a la somme, de l'envoyer chez moi : ma femme en donnera un reçu.

Julienne. Bon! (*à part, en riant.*) Il n'y a pas de danger!

SCÈNE VII
AIMÉE, JULIENNE.

Julienne. Sont-ils insolents ces gens-là quand on leur doit de l'argent!

Aimée. Vous dites donc, ma bonne Julienne, que ce monsieur Stéphane demeure rue Saint-Sauveur? quel numéro?

Julienne. Je ne sais plus; mais je reconnaîtrais la maison.

Aimée. Eh bien, Julienne, il faut me conduire chez lui.

JULIENNE. Vous, mademoiselle! est-ce que vous avez de l'argent à lui emprunter?
AIMÉE. Au contraire, je veux acquitter la dette de mon cousin.
JULIENNE. Comment?
AIMÉE, *montrant son sac de nuit*. J'ai là, cinquante obligations de chemin de fer que je remettrai à cet homme.
JULIENNE, *émue*. Vous serez donc toujours la même, vous: bonne et obligeante? oui, mais M. Robert ne le permettrait pas!
AIMÉE. Pourquoi?
JULIENNE. Parce que... non, non, gardez vos actions.
AIMÉE. Je voulais justement m'en défaire, ainsi... je ne les ai apportées à Paris que pour ça.
JULIENNE. Ah! c'est différent; venez alors, je vais vous conduire.
ROBERT, *en dehors de la scène*. Julienne, Julienne!...
JULIENNE. Le voilà qui rentre.
AIMÉE. O ciel! impossible de m'éloigner maintenant! (*lui donnant son petit sac de nuit.*) Tenez, Julienne, courez tout.. seule rue Saint-Sauveur et rapportez-moi ce billet ou un reçu; vous entendez?
JULIENNE. Parfaitement.

SCÈNE VIII

LES MÊMES, ROBERT, *arrivant par la gauche*.

ROBERT. Je meurs de faim, Julienne!
JULIENNE, *en sortant*. Vous pouvez vous mettre à table; seulement, tout est froid.

SCÈNE IX
AIMÉE, ROBERT.

ROBERT. Que vois-je? Aimée! (*il lui saute au cou.*) Mais regarde-moi donc! Oh! je n'en reviens pas!
AIMÉE. Tu me trouves changée, hein?
ROBERT. Je crois bien!

Aimée. Ah ! dame, mon cher ami, j'ai neuf années de plus ! je suis une vieille fille.

Robert. Qu'est-ce que tu dis donc ? au contraire : tu me sembles rajeunie, embellie !

Aimée, *haussant les épaules.* Oh !

Robert. Ma parole ! si je t'avais rencontrée dans la rue, je ne t'aurais pas reconnue.

Aimée. Vraiment ?

Robert. Comme tu es engraissée !

Aimée. Un peu.

Robert. Beaucoup. (*en riant.*) Je me rappelle que tu avais des bras gros comme mon petit doigt !

Aimée. Je me souviens même que tu me taquinais souvent à ce sujet.

Robert. Que veux-tu ? c'est plus fort que moi, je n'aime pas les femmes maigres, (*la regardant longuement*), tandis que maintenant, à la bonne heure ! Tu es cent fois mieux !

Aimée, *enchantée.* Quelle plaisanterie !

Robert. Non, vrai !

Aimée. Tu oublies que tu meurs de faim ; mets-toi vite à table, je vais te tenir compagnie.

Robert, *gaiement.* Ah ! ce sera gentil ! oui, mais avant... (*se dirigeant vers la droite*).

Aimée. Où vas-tu ?

Robert. Je voudrais voir mon père.

Aimée. Tu le trouveras sur la terrasse.

Robert, *étonné.* Il a donc pu se lever ? bravo ! (*Il court à la terrasse, entr'ouve le rideau, puis s'arrête tout à coup.*) Chut ! Il dort.

Aimée. Tant mieux.

Robert, *refermant le rideau.* Laissons-le reposer ! (*Revenant s'asseoir à la table.*) Assieds-toi là, auprès de moi !

Aimée, *assise.* Sais-tu que tu as une mine excellente ?

Robert, *en mangeant.* Moi, je me porte à merveille.

Aimée, *l'examinant.* C'est-à-dire que ton accident n'a laissé aucune trace...

Robert. Aucune. Par exemple, quelques cheveux

blancs ont profité de l'occasion et de mes trente-sept ans sonnés, pour se glisser le long de mes tempes.

Aimée. Le mal n'est pas grand; mais, dis-moi, c'est ton pauvre père qui m'a fait peine à voir.

Robert, *avec tristesse*. Je crois bien! non seulement sa santé s'altère chaque jour davantage, mais son moral s'aigrit, s'assombrit à un point effrayant!

Aimée. Je l'ai remarqué.

Robert, *avec joie*. Heureusement que je lui rapporte un remède souverain.

Aimée. Lequel?

Robert, *tirant de sa poche un papier*. Tiens, regarde!

Aimée. Un titre de rente de seize mille francs, en trois pour cent.

Robert. Que j'ai fait inscrire au nom de mon père.

Aimée. Comment? Tu as donc gagné des sommes folles?

Robert. Oui, je viens de traiter avec une grande société industrielle, à laquelle j'ai vendu un de mes brevets, pour la moitié à peine de sa valeur.

Aimée. Et pourquoi ça?

Robert. Ah! parce que mon pauvre père est devenu inconsolable de sa ruine et que j'avais hâte, moi qui en suis l'auteur, de lui restituer cette aisance qui seule lui rendra la santé avec le bonheur.

Aimée. Tu as raison, Robert, sa maladie n'est autre que le chagrin.

Robert. Je le sais bien! aussi, que n'ai-je pas souffert pendant ces longues années de lutte, où je me sentais tantôt poussé, soutenu par mon maudit cerveau, tantôt découragé par les résultats dérisoires que j'obtenais d'un travail excessif et de dépenses insensées? Lors de mon accident, par exemple, en songeant que j'étais peut-être aveugle, et qu'il me fallait faire mon deuil de toute espèce d'avenir. Ah! je suis devenu presque fou de rage!

Aimée. Malheureux garçon!...

Robert. Tout à coup les choses ont changé : Grâce à cet accident, un brave membre de l'Institut, que je connaissais à peine, m'a pris en affection, a parlé de moi partout, a fait examiner mes procédés, mes inventions, enfin, a forcé le ministre du commerce à me charger d'un travail fort intéressant et assez lucratif ; de plus, il paraît qu'on parle, en haut lieu, de me nommer professeur, de me décorer, que sais-je encore ?

AIMÉE. Ainsi, te voilà au pinacle quand, d'après ce que vient de me dire mon oncle, je te croyais fort mal dans tes affaires (*en hésitant*), peut-être même criblé de dettes !

ROBERT. Moi, pas du tout.

AIMÉE. Bien sûr ?

ROBERT. J'en ai négligé seulement une petite qui, du reste, ne m'inquiète guère, afin de pouvoir affecter toutes mes ressources à cet achat de rentes.

AIMÉE (*à part*). Je respire !

ROBERT. Dans certaines carrières, quand on a de la chance...

AIMÉE. C'est-à-dire du mérite !

ROBERT. Il y a un moment où tout vous arrive à la fois : Fortune, crédit, honneurs.

AIMÉE. Mais, Robert, mon oncle ne sait donc rien encore ?

ROBERT. Ma foi non ! je n'osais plus le mettre au courant de mes affaires ; je l'ai si souvent déçu dans ses espérances, qu'il avait le droit de ne plus croire à mes rêves d'avenir ; mais quand il verra son nom sur ce chiffon de papier et se retrouvera à la tête de son ancien capital, sa guérison ne se fera plus attendre. Ah ! ce jour sera, sans contredit, le plus beau de ma vie !

AIMÉE. Réveillons-le, alors !

ROBERT. Ma foi ! j'en meurs d'envie ; vas l'appeler !

AIMÉE. Non pas, je me retire, moi : Je ne veux pas gêner vos épanchements.

ROBERT. Eh bien ! soit ! mais reviens dans quelques minutes.

AIMÉE. Je te le promets. (*Elle sort par la gauche en lui souriant tendrement.*)

SCÈNE X
ROBERT, *seul*.

Comme je suis ému! Pauvre père! va-t-il être surpris agréablement! (*s'approchant du rideau et appelant à voix basse*). Père, père! (*regardant derrière le rideau*). Il dort joliment bien! Dieu! qu'il est pâle! (*s'éloignant du rideau*). Attendons encore un peu; je ne me sens pas le courage de le réveiller! (*coup de sonnette en dehors*). On sonne! Qui diable peut venir nous déranger? Julienne est donc sortie? Allons ouvrir! (*Il sort par la gauche.*)

SCÈNE XI
ROBERT *rentrant suivi de* STÉPHANE.

Robert. Comment, c'est vous! déjà?
Stéphane. Déjà! Vous ne m'attendiez donc pas?
Robert, *à voix basse*. Non, ma foi! mais, tenez, si vous voulez venir causer dans mon laboratoire...
Stéphane. Pourquoi?
Robert. Mon père dort là et nous pourrions le réveiller.
Stéphane. Tant mieux; j'ai idée que c'est lui qui me paiera, comme l'autre fois.
Robert. Je vous réponds du contraire.
Stéphane. Qu'il vende un peu de son trois pour cent!
Robert. Merci!
Stéphane. Il lui en reste encore?
Robert. Sans doute, mais...
Stéphane. J'ai absolument besoin de mon argent.
Robert. Bah! vous me donnerez bien le temps de me retourner?
Stéphane. N'y comptez pas: La suppression de la contrainte par corps venant d'être votée, je ne serai pas assez bête pour...
Robert. Ecoutez, tous ces jours-ci, j'ai eu autre chose à faire qu'à m'occuper de vous: mon père est malade, très malade.

STÉPHANE. Je le sais puisque je sors d'ici; on ne vous avait donc pas prévenu?

ROBERT. Non, je rentre à l'instant. Voyons, Stéphane, un peu de patience!

STÉPHANE. J'en ai beaucoup; seulement, vous comprenez que...

SCÈNE XII

LES MÊMES, CHAUMET, *debout dans le fond.*

CHAUMET. Avec qui Robert cause-t-il? Encore cet homme! (*Il se cache derrière le rideau.*)

STÉPHANE.....Malgré toute ma bonne volonté, impossible!

ROBERT, *d'un air goguenard.* Vous êtes sûr?

STÉPHANE. Il me faut aujourd'hui même les quatorze mille francs.

CHAUMET, *reparaissant pour dire, à part, ces quelques mots :* Quatorze mille francs!

STÉPHANE. J'ai un paiement à faire demain matin.

ROBERT, *gaiement.* Allons donc! vous dites toujours la même chose!

STÉPHANE. Vrai, là, parole d'honneur!

ROBERT. Demandez aussi un peu de temps.

STÉPHANE. Oh! il n'y a pas mèche!

ROBERT. Avant six semaines, je vous solderai le capital et les intérêts qui courront toujours.

STÉPHANE. Je l'espère bien! (*en changeant de ton*) Ah! ça, qu'est-ce que vous avez?

ROBERT. Moi? rien.

STÉPHANE. Je vous trouve tout guilleret et, dans votre position, ce n'est pas naturel.

ROBERT. Si fait, puisque je suis à la veille de sortir de tous mes embarras d'argent.

STÉPHANE. Comment cela?

ROBERT. Vous le verrez : accordez-moi seulement un mois,

STÉPHANE, *se récriant.* Un mois! (*à part*) Ah! je comprends. (*Haut*) dame!

ROBERT, *à part.* Il y vient.

SCÈNE XIII

STÉPHANE. Votre père est donc sérieusemement malade !

ROBERT. Très sérieusement ; son indisposition a même pris subitement un caractère inquiétant.

STÉPHANE. Il n'est plus tout jeune ?

ROBERT. Hélas non !

STÉPHANE. Qu'est-ce que le médecin en dit ?

ROBERT. Pas grand'chose de bon : Mon père n'a consenti à le voir qu'une fois et encore parce que je l'y ai forcé.

STÉPHANE. Les secours de la médecine ne lui inspirent donc pas de confiance ?

ROBERT. Je ne sais trop ; en tout cas, il serait capable de s'en priver, ne fût-ce que par économie !

STÉPHANE. Il a bien raison. Vous êtes son fils unique ? Son unique enfant, veux-je dire ?

ROBERT. Mon Dieu oui ; je n'ai jamais eu ni frère ni sœur.

STÉPHANE. Eh ! bien, toute réflexion faite, je vous accorde ce délai d'un mois.

ROBERT. Bon ! (*gaiement*) Et votre paiement de demain ?

STÉPHANE, *en souriant*. Je verrai... je...

ROBERT. Farceur !

STÉPHANE. Un individu, que j'allais justement faire coffrer, a hérité, il y a deux jours, d'un oncle de province immensément riche ; ce qui me permet de...

ROBERT. A la bonne heure ! quant à moi, je vous répète que ma position peut changer d'un jour à l'autre.

STÉPHANE. C'est bien là-dessus que je compte. (*Se levant.*) Allons, sur ce, je vous salue.

ROBERT, *le reconduisant*. Bonjour, à bientôt (*ils sortent par la gauche*).

SCÈNE XIII

CHAUMET, *seul, s'élançant de derrière le rideau.*

Je comprends !... C'est moi qui suis de trop ici ! Je n'ai pas encore assez fait pour lui, et le peu qui me reste est attendu avec une impatience fébrile ! (*riant convul-*

sivement). Vous êtes trop bons, messieurs, de m'accorder un mois pour mourir! ô héritage! poison mortel des familles, je te maudis!... Ainsi les gens qui possèdent quelque chose sur cette terre, n'ont plus qu'à réaliser les espérances de leurs héritiers! Espérances! mot si vrai et dont l'indécence même fait à peine sourire! Ah! de mon temps, quelle différence! A la vérité, mon père est mort aussi pauvre que je le serai dès que j'aurai consenti de nouveau, par faiblesse, par lâcheté, à... (*avec force.*) Eh! bien non! je ne paierai pas ces nouvelles dettes et je vivrai encore, ne fût-ce que pour me venger! (*il reste quelques instants absorbé dans ses réflexions, puis tout à coup fond en larmes*) A quoi bon? Ne vaut-il pas mieux exaucer leurs vœux à l'instant: Le martyre que j'endure est au-dessus de mes forces et quand je puis si facilement y mettre un terme... Oui!... (*il tire un foulard de sa poche, le roule en forme de corde et se le passe autour du cou.*) Pauvre petit Georges!... lui du moins, me pleurera, car il n'a pas l'âge de raison... Allons! ne perdons plus une minute! (*Il sort par la droite, une seconde après on entend une chaise tomber par terre.*)

SCÈNE XIV

ROBERT, *rentrant par la gauche.*

Voilà une affaire faite! maintenant... (*il court à la terrasse.*) Personne! mon père sera rentré dans sa chambre; voyons! (*ouvrant la porte de droite.*) Ah!.. (*il reste un instant sans parler ni bouger puis s'élance dans la chambre et rapporte en le traînant dans ses bras, le corps de son père qu'il étend sur le canapé.*)

SCÈNE XV

ROBERT, CHAUMET.

ROBERT. Il respire encore, Dieu merci, ce ne sera rien! (*tombant à genoux.*) Je n'y vois plus! j'étouffe! (*tout à coup il saisit les mains de son père qu'il baise avec transport pendant que ce dernier revient à lui peu à peu*).

SCÈNE XV

Robert, *après avoir échangé un regard avec son père.* Malheureux! qu'allais-tu faire?

Chaumet. Robert, mon ami, je souffrais trop!

Robert. Où donc?

Chaumet, *portant la main à sa tête, puis à son cœur.* Là et là!...

Robert, *avec force.* N'importe, tu aurais dû penser à nous!

Chaumet. A vous?

Robert, *pleurant enfin.* Oh! c'est bien mal!

Chaumet. Tu trouves?

Robert. Sans doute : Quand on a, comme toi, des enfants dont on est chéri, adoré, on n'a pas le droit de disposer ainsi de soi-même, on ne s'appartient plus!

Chaumet, *pleurant aussi.* Oui je le sens, j'étais un fou, un égoïste!...

Robert. Certainement.

Chaumet, *à part.* Et moi qui croyais... (*se jetant à son cou.*) Ah! cher enfant! pardonne-moi et surtout, ne t'inquiète plus, va, ces quatorze mille francs, je les paierai... tout de suite,

Robert. Quoi! Tu sais...

Chaumet. J'étais là, j'ai tout entendu; ainsi ne me cache plus la vérité.

Robert. La vérité! mais au contraire, si j'ai négligé de payer cette dette insignifiante, c'est que j'étais pressé de réaliser un rêve que je forme depuis bien longtemps et que tu as failli rendre impossible en nous plongeant tous dans le désespoir et le deuil!

Chaumet. Que veux-tu dire?

Robert. Apprends que je te ménageais une surprise.

Chaumet. Laquelle?

Robert, *tirant l'inscription de sa poche.* Tiens, lis!

Chaumet. Une inscription de rente de seize mille francs, à mon nom! Pourquoi?

Robert. Parce qu'il est juste, mon bon père, que je te restitue cette fortune que je t'ai dévorée et dont tu jouiras seul désormais!

Chaumet, *rayonnant de joie.* Ta position s'est donc améliorée?

Robert. Elle est devenue magnifique; je te conterai tout cela.

Chaumet, *l'embrassant.* Oh! tiens, Robert, tu me combles de joie, d'ivresse! et, maintenant, j'oublie, je bénis même tous mes tourments passés.

Robert. J'entends ma cousine! (*Montrant la droite.*) Pas un mot de cet événement! je t'en conjure!

Chaumet. Oh! jamais, à personne!

SCÈNE XVI
Les mêmes, AIMÉE.

Aimée, *souriant.* Eh bien! comment ça va-t-il ce soir, mon oncle? Le père et le fils dans les bras l'un de l'autre! La grande surprise est donc faite?

Chaumet. Oui, chère petite, et mon bonheur est immense.

Robert. Comme le mien!

Aimée. Vous voilà guéri, j'espère?

Chaumet. Ah! je t'en réponds!

SCÈNE XVII
Les mêmes, JULIENNE.

Julienne. Mademoiselle, il y a là quelqu'un qui vous demande.

Aimée. Qui ça?

Julienne, *embarrassée.* Vous savez, c'est...

Aimée. Qui donc?

Julienne, *en lui faisant des signes d'intelligence.* Cette dame...

Aimée. Quelle dame?

Julienne, *à part.* Elle ne comprend rien! (*Haut.*) Votre amie!

Aimée. Mon amie?

Robert. Faites-la entrer!

Julienne. Ma foi, tant pis! (*Se retournant.*) Entrez, monsieur!

SCÈNE XVIII

Les mêmes, STÉPHANE

Aimée, *à part.* Ciel !
Stéphane. Je vous salue bien.
Robert. Encore vous ?
Stéphane. Certainement. Je suis un honnête homme !
Robert. Je n'en doute pas.
Stéphane. Or, quand je suis rentré chez moi et que j'ai vu, avec autant de plaisir que d'étonnement, je l'avoue...
Robert. Quoi donc ?
Stéphane. Ah ! la bonne farce ! c'est la première fois qu'on me la fait ; vous vouliez rire, hein ?
Robert. Moi ? pas du tout.
Stéphane. Enfin, ce qu'il y a de certain, c'est que ma femme a commis une erreur dans son compte avec votre bonne.
Robert, *en regardant Julienne.* Avec Julienne ?
Julienne. C'est bien possible.
Stéphane. Au cours où sont vos obligations...
Robert. Mes obligations ?
Stéphane. Je les garde : Je comptais justement en acheter ; vous m'économisez le courtage ; mais ma femme a reçu soixante dix-huit francs de trop, que je vous rapporte.
Robert. Julienne ! Que signifie tout cela ?
Julienne, *en regardant Aimée.* Dame...
Aimée. Mon cher Robert, c'est moi qui me suis permis d'avancer cette somme.
Robert. Toi, Aimée...
Aimée. Monsieur était venu pendant ton absence... D'ailleurs, qu'est-ce que je risquais ? je savais que tu serais en état de me rembourser prochainement, puisque tu m'avais déjà confié...
Julienne. Oh ! pour ça, non, mademoiselle, vous n'aviez pas encore vu monsieur quand vous m'avez envoyée chez l'usurier.
Stéphane, *furieux.* Vous dites ?
Julienne, *avec énergie.* La vérité !

STÉPHANE. A-t-on jamais vu ? Tenez, tenez, voilà le surplus ; (*il dépose la somme sur la table*) arrangez-vous ensemble; messieurs, madame, la compagnie, j'ai bien l'honneur de vous saluer ! (*Il sort*).

ROBERT. Adieu !

SCÈNE XIX

LES MÊMES, *moins* STÉPHANE *que reconduit* JULIENNE

ROBERT, *très ému*. Aimée, je ne puis accepter le service que tu me rends... qu'à une seule condition...

AIMÉE, *de même*. Laquelle ?

ROBERT. C'est que désormais nous vivrons ensemble sous le régime de la communauté ?

AIMÉE. Comment ?

ROBERT. En un mot, que tu deviendras ma femme ?

AIMÉE. Moi !

ROBERT, *suppliant*. Laisse-moi finir par où j'aurais peut-être dû commencer !

AIMÉE. Quoi ! sérieusement ?

CHAUMET. Pourquoi pas ? Au fait, vaut mieux tard que jamais !

ROBERT. Est-ce ton avis ?

AIMÉE, *avec abandon*. Je crois bien ! moi qui n'ai pas eu d'autre idée au monde !

ROBERT, *en l'embrassant*. Vrai ?

CHAUMET. Ah ça, elle te plaît donc maintenant ?

ROBERT. Plus que je ne puis le dire ! au surplus, il faudrait être fou pour se priver d'un tel trésor de dévouement et de tendresse !

CHAUMET. Mes enfants ! quelle existence délicieuse nous allons mener ensemble ! (*appelant*) Julienne ! va chercher Georges !

AIMÉE. Oui, j'ai hâte d'embrasser mon fils ?

CHAUMET. Tu l'aimeras toujours, dis, même si tu en as d'autres ?

AIMÉE. Je vous promets, du moins, mon père, de l'aimer plus longtemps que tout autre : c'est le seul droit d'aînesse légitime !

CHAUMET, *en l'embrassant*. Chère enfant !...

ROBERT *en lui serrant les mains*. Cher ange !

LA
CONTINENCE DE SCIPION
COMÉDIE EN UN ACTE

PERSONNAGES

SCIPION, N..., auteur dramatique.	30 ans.
LE COMTE DE LODEVE.	28 —
LA COMTESSE, sa femme.	23 —
ARSÈNE DUMONT, artiste dramatique.	21 —
JOSEPH, domestique de SCIPION.	35 —

Un salon artistique. Porte au fond; portes latérales

SCÈNE I

JOSEPH, *entrant par le fond, suivi d'ARSÈNE.*

Par ici, madame; donnez-vous la peine de vous asseoir.

ARSÈNE. Bien. (*En s'asseyant, à part.*) Je tremble !

JOSEPH. Qui faut-il annoncer ?

ARSÈNE, *en cherchant à se donner de l'assurance.* Mademoiselle Arsène Dumont, du Théâtre-Français.

JOSEPH. Ah ! tiens... en effet, mademoiselle, je vous ai vue dans la dernière pièce de monsieur.

ARSÈNE. Vraiment ?...

JOSEPH. Oui, et... je vais le prévenir tout de suite. (*A part*) elle est très bien, cette femme-là ; je suis enchanté de la connaître à la ville. (*Il frappe à la porte de gauche, puis il l'ouvre aussitôt et la referme, presque entièrement sur lui.*)

ARSÈNE. Que va-t-il dire en me voyant chez lui toute seule ?

JOSEPH, *revenant d'un air aimable.* Monsieur sera ici dans un instant. (*Il sort par le fond en saluant plusieurs fois.*)

ARSÈNE. Merci.

SCÈNE II

ARSÈNE, *seule.*

Maintenant, advienne que pourra ! e veux en avoir

le cœur net et savoir au juste à quoi m'en tenir sur ses dispositions à mon égard. Je verrai ensuite ce que j'aurai à faire. Commençons toujours par lui parler de ce nouveau rôle.

SCÈNE III

ARSÈNE, SCIPION, *dans une robe de chambre élégante.*

Scipion, *lui donnant une poignée de main.* Bonjour ! Eh bien ! et votre mère, où est-elle donc ?

Arsène, *embarrassée.* Ma mère...

Scipion. Pourquoi n'est-elle pas entrée avec vous ?

Arsène, *résolument.* Je suis venue seule.

Scipion. Ah ! est-ce qu'elle est malade ?

Arsène. Pas du tout, mais... j'ai vingt et un ans; je suis majeure et, franchement, je commence a être fatiguée de la sentir toujours sur mes talons.

Scipion. Oh ! calmons-nous !... quelle petite tête !...

Arsène. Si vous croyez que c'est agréable d'être traitée comme une enfant ! Au bout du compte, je suis une femme.

Scipion. Et une charmante !

Arsène. Déjà, au Conservatoire, on se moquait de moi !

Scipion. Aussi, vous y avez travaillé sérieusement; vous en êtes sortie avec du talent, de la considération, et je connais plusieurs de vos camarades, dont on ne se moque peut-être pas, mais... dont on ne pourrait pas dire... la même chose.

Arsène. En sont-elles plus à plaindre ?

Scipion, *avec hésitation et étonnement.* Sans doute.

Arsène. Vous le croyez ?

Scipion. J'en suis sûr !

Arsène. Tenez, monsieur Scipion, j'ai une grande confiance en vous, car vous êtes un homme... comme il faut, sous tous les rapports.

Scipion, *s'inclinant.* Mademoiselle...

Arsène. De plus, vous avez beaucoup de bon sens, d'intelligence.

Scipion. Des compliments ! je suis perdu !

Arsène, *avec enthousiasme.* Je dirai même beaucoup de cœur.

Scipion. Ah ! mon Dieu ! vous me faites frémir !

Arsène. Pourquoi donc ?

Scipion. Parce que je lisais dernièrement dans un charmant ouvrage sur l'histoire naturelle, que la capacité du cœur a un grand rapport avec l'appétit.

Arsène, *faisant la moue.* Qu'est-ce que cela signifie ?

Scipion. Que quand on possède un cœur très développé, on jouit d'un appétit excessif.

Arsène, *avec impatience.* Je ne comprends pas.

Scipion. Ainsi, il paraît que, dans une boîte pleine de rats, conservés un jour pour une expérience, — les rats ont le cœur très développé, — on n'en trouva plus le lendemain que quelques-uns qui avaient mangé les autres.

Arsène, *en haussant les épaules.* Quelle histoire !

Scipion. « Voilà ce que c'est que d'avoir trop de cœur ! » dit spirituellement l'auteur.

Arsène. Vous riez ! vous avez tort : Dans ce moment, je suis bien sérieuse, allez !

Scipion. En vérité ? (*Il la regarde fixement pendant quelques instants. Tout à coup Arsène se trouble, rougit; ses yeux se remplissent de larmes, et elle se cache le visage dans ses mains.*)

Scipion, *vivement.* Qu'avez-vous donc, ma pauvre enfant ? (*à part*) Je crains de deviner !

Arsène. J'ai besoin que vous me donniez des conseils.

Scipion. Sur quoi ?

Arsène. Sur mon avenir.

Scipion. D'artiste ?

Arsène. Non, de femme.

Scipion. A mon tour, je ne vous comprends pas.

Arsène. Ecoutez-moi donc : Maintenant que j'ai quelque talent, ma mère rêve pour moi la fortune, c'est-à-dire un brillant mariage, dût-il me faire quitter le théâtre.

Scipion. Pourquoi pas ?

Arsène, *en secouant la tête*. Franchement, voyons, quel mariage pourrais-je faire? Est-ce que les jeunes gens du monde veulent de nous ou du moins songent à nous épouser?

Scipion. Mais il y a des exemples...

Arsène. Oui, deux ou trois que ma mère me cite chaque jour et qui ne prouvent rien, surtout à l'endroit du bonheur; or, je n'ai qu'une ambition, celle d'être heureuse.

Scipion. Je vous en fais mon sincère compliment : c'est la moins sotte de toutes.

Arsène. Dites-moi donc votre op'nion sur la meilleure conduite à tenir pour une femme de théâtre!

Scipion. Celle de toute autre femme dont elle a les mêmes droits à exercer et les mêmes devoirs à remplir.

Arsène. C'est-à-dire?

Scipion. Qu'elle doit, selon moi, chercher uniquement dans sa carrière artistique les succès, la fortune, la gloire, mais dans sa famille, et dans sa famille seulement, le bonheur réel.

Arsène. Ah!... et qui doit-elle épouser s'il vous plaît?

Scipion. Un honnête homme qui la chérisse profondément et lui inspire un sentiment sérieux.

Arsène. C'est facile à dire!

Scipion. Et à faire, pour vous du moins, car je connais un brave et charmant garçon, artiste de talent, comme vous...

Arsène, *impatientée*. Oui, oui...

Scipion. Dans une excellente position, et qui serait trop fier, me disait-il, d'unir son sort au vôtre.

Arsène. Mon Dieu, je ne dis pas... j'ai pour lui de l'amitié, mais rien de plus.

Scipion. Le reste viendra plus tard, avec la raison.

Arsène. J'en doute; d'ailleurs, je ne suis pas du tout de votre avis, moi; je trouve que les artistes ont tort de se marier, même les femmes, qui doivent rester libres et connaître, par expérience, toutes les passions qu'elles ont à peindre sur la scène. L'opinion publique les y encourage presque.

Scipion. Dites qu'elle les excuse peut-être, quand...
Arsène. Quoi qu'il en soit, je serais désolée de renoncer au théâtre et aux triomphes qui m'y attendent, grâce à vous!
Scipion. Je l'espère bien! dans mon intérêt surtout.
Arsène, *avec feu*. Et cependant, j'éprouve le besoin de vivre, de souffrir s'il le faut, car l'amour ferait de moi une esclave bien dévouée, je vous le jure!
Scipion, *à part*. Pauvre fille! (*haut*). Vous êtes folle en ce moment!
Arsène. C'est vrai. Oh! pour inspirer de la tendresse, de la passion à celui que j'aurais choisi, je sacrifierais tout!
Scipion, *froidement*. Taisez-vous donc!
Arsène. Non, rien ne pourrait m'empêcher d'aimer, de le dire, et, pour le prouver, de commencer par fuir avec lui, n'importe où... dans une île déserte!
Scipion, *affectant de rire*. Quelle idée saugrenue!
Arsène, *se calmant un peu*. Vous n'admettez pas cela, vous, hein?
Scipion. Oh!... si... parfaitement; (*à part*) je ne sais que lui répondre!
Arsène. Certes, je suis une honnête fille, qui ne voudrait tromper personne; mais je ne me sens pas vertueuse, comme on l'entend du moins.
Scipion. Plaît-il?
Arsène. Je vous assure!
Scipion, *à part*. Sa franchise et son audace me troublent à un tel point... Allons, morbleu, du courage!... et montrons-nous digne d'elle, en n'abusant pas de sa faiblesse! (*haut.*) Ma chère Arsène, si vous avez quelque confiance en moi, j'éprouve, de mon côté, une très réelle... sympathie pour vous...
Arsène. Je le crois.
Scipion. Je réfléchirai à ce que vous me demandez et demain, j'irai vous voir et causer sérieusement.
Arsène. Oh! je parie que vous ne viendrez pas; vous m'écrirez un mot, je connais ça!...
Scipion. Si fait! je vous le promets.
Arsène. Bon! alors; je ne sortirai pas de la journée.

Scipion. Pourquoi donc? au contraire, j'irai vers...
Arsène. Préférez-vous que je revienne ici?
Scipion, *vivement*. Non, non, ne vous donnez pas cette peine!
Arsène. C'est que j'ai peur que ma mère ne vous gêne.
Scipion. Ne craignez rien!
Arsène. Dans ce moment-ci, elle m'agace. Oh!
Scipion. A quel propos?
Arsène. Parce que... (*à part*). Tiens, au fait, je suis curieuse de voir comment il prendra la chose. (*Haut*). Ah! c'est que j'ai oublié de vous raconter que, dernièrement, nous avions reçu la visite d'un jeune homme, un auteur, soi-disant, qui est venu nous lire une comédie faite exprès pour moi, (*riant*) oui : je suis en scène tout le temps, et les quatre hommes de la pièce sont amoureux de votre servante.
Scipion. Naturellement.
Arsène. Enfin, c'est idiot, et le comité, si jamais cela arrivait jusqu'à lui, ne pourrait pas, j'en réponds, garder son sérieux habituel.
Scipion, *riant*. Vraiment?
Arsène. Nous avons compris tout de suite, ma mère et moi, que ce n'était qu'un prétexte pour s'introduire...
Scipion. Voyez-vous ça? le scélérat!
Arsène. Ce jeune homme, fort distingué et spirituel d'ailleurs, ma mère l'a suivi à sa sortie de chez nous; elle l'a vu monter dans une voiture élégante et armoriée qui l'attendait au boulevard. Alors, vous jugez de l'effet? La pauvre femme est rentrée à moitié folle, convaincue que, si nous nous y prenions adroitement, ce jeune seigneur, comme elle l'appelle, pourrait très bien m'épouser.
Scipion. Dame...
Arsène, *haussant les épaules*. Nous avons eu ensemble, à ce propos, une querelle des plus violentes, puis elle m'a exposé sa politique étrangère qui n'est pas du tout la mienne.
Scipion. Et enfin... ce jeune homme?...
Arsène. A sa seconde visite, ma mère l'a accablé

de questions et de compliments... très sincères sur sa pièce que nous l'avons même engagé à vous soumettre.

Scipion. Grand merci!

Arsène. Bref, après avoir trouvé moyen de m'adresser une déclaration fort adroite, ma foi, notre jeune auteur a demandé à ma mère la permission de revenir nous mettre au courant des démarches qu'il allait faire, auprès de vous, dans l'intérêt de sa comédie.

Scipion. Je ne vois dans tout cela rien de bien effrayant.

Arsène. Si, car ma mère va m'ennuyer à son sujet, jusqu'à ce qu'elle ait perdu tout espoir.

Scipion, *froidement*. Eh! bien, à la rigueur, pourquoi ne pas examiner?

Arsène. Vous ne voulez donc pas comprendre que je ne puis pas avoir d'amour pour ce jeune homme?...

Scipion. Qu'en savez-vous?

Arsène. J'en suis sûre!... (*en soupirant.*) allons, je m'en vais, puisque décidément vous n'avez rien à me dire.

Scipion, *la retenant*. Pardon!... et ce fameux rôle?

Arsène, *tirant de sa poche un petit rouleau de papier*. Le voilà, je l'apprends. A propos, si, par hasard, ma mère découvre que je suis venue vous voir, vous lui direz que j'avais des changements à vous demander.

Scipion. Naturellement.

Arsène. Et que vous m'avez envoyé promener.

Scipion. Poliment.

Arsène. Oh! ça va sans dire (*on frappe discrètement à la porte du fond*).

Scipion, *vivement*. Entrez!

SCÈNE IV

Les mêmes, JOSEPH.

Joseph. Il y a là un monsieur dont voici la carte.

Scipion, *lisant*. « Le comte Guy de Lodève. » Je ne connais pas.

Arsène. Moi non plus!

Scipion. Faites attendre! ou plutôt non! (*bas à Arsène*) Je ne veux pas qu'on vous voie sortir d'ici!

Arsène, *à part*. Si c'était une femme? je le saurai!

Scipion. Tenez, passez par mon cabinet : il y a au fond, à droite, une porte qui communique à l'antichambre.

Arsène. Bien, merci ; (*en lui donnant une poignée de main*) Adieu! N'oubliez pas votre promesse!

Scipion. Non, non, à demain, vers deux heures!

Arsène, *sortant par la gauche*. C'est entendu.

Scipion, *à Joseph*. Faites entrer!

SCÈNE V
SCIPION, *seul*.

Ah! si je n'étais pas... dans ma position, je n'aurais pas su résister à de pareilles tentations! Pauvre fille! Son exaltation me fait peur. Mon Dieu, que l'homme paraît bête quand, comme moi tout à l'heure, il se défend au lieu d'attaquer! j'aurais peut-être dû lui tout confier... Oh! non, c'était impossible.

SCÈNE VI
SCIPION, Le COMTE

Scipion, *échangeant un profond salut avec le comte*. Mille pardons, monsieur, de vous avoir fait attendre!

Le comte, *le sourire toujours sur les lèvres*. C'est au contraire, moi, monsieur, qui m'excuserai d'oser vous déranger.

Scipion. Par exemple! (*lui avançant un siège.*) Qu'y a-t-il pour votre service?

Le comte, *s'asseyant*. Monsieur, je n'ai pas l'honneur d'être connu de vous, mais nous avons plusieurs amis communs.

Scipion. Ah!... qui donc?

Le comte. D'abord les deux frères de Nauphle.

Scipion. Mes camarades de collège et mes amis intimes, surtout le cadet.

Le comte. Ensuite Georges Cavendish.

Scipion. L'Anglais ?

Le comte. Oui, quel homme charmant !

Scipion. Un peu trop absorbé par sa passion pour les chevaux !

Le comte. Vous avez le droit de vous moquer de lui, vous, monsieur ; moi, au contraire, je l'admire sans pouvoir, hélas ! l'imiter.

Scipion. Est-ce que vous le suivez sur le turf ?

Le comte. Une seule fois, il y a quelques années, j'ai couru avec lui dans un steeple-chase de gentlemen riders, où, comme on disait de mon temps, dans les coulisses des petits théâtres : J'ai remporté ma veste.

Scipion, *riant*. On le dit et surtout on le fait encore.

Le comte. Monsieur, si vous ne me connaissez pas, je vous connais beaucoup, moi : d'abord, je sais par cœur la plupart de vos œuvres.

Scipion. Quel mauvais emploi de votre mémoire !

Le comte. Ensuite nous avons le même tailleur.

Scipion, *en riant*. Je ne vous en fais pas mon compliment.

Le comte. Enfin, nos amis communs me parlent sans cesse de vous comme d'un véritable phénix.

Scipion. Les meilleurs amis sont aveugles !

Le comte. Non, car je suis bien sûr qu'ils ne vous parlent jamais de moi.

Scipion, *embarrassé*. Pardon ! je crois me rappeler au contraire...

Le comte. Quoi qu'il en soit, je me permettrai, en me recommandant de ces chers amis communs, de solliciter de vous, un petit service.

Scipion. Lequel ?

Le comte. Je me suis amusé, l'hiver dernier, à écrire une comédie pour un théâtre de société.

Scipion. Très bien.

Le comte. Par malheur, elle n'a pu être jouée à cause d'un deuil de famille ; mais son succès de lecture avait été tel, que tout le monde me conseilla de la faire jouer sur un théâtre de Paris.

Scipion. Et auquel comptez-vous la présenter ?

Le comte. Comme il y a un rôle qui conviendrait à merveille, je crois, à mademoiselle Arsène Dumont...

Scipion, *à part*. C'est le jeune homme en question !

Le comte. Que, du reste, j'ai déjà intéressée à mes démarches, et qui m'a paru enchantée de son rôle...

Scipion. Bravo !

Le comte. Je songe à frapper à la porte des Français; rien que ça !

Scipion. Vous avez peut-être raison.

Le comte. Si j'échoue, Eh bien ! j'épuiserai alors tous les autres degrés de la juridiction dramatique.

Scipion. Oh ! je vois que vous êtes très au courant de la situation.

Le comte. Je crois bien ! c'est si bon de caboliner !

Scipion. Vous trouvez ? en tout cas, que puis-je faire dans votre intérêt ? j'ai hâte de vous prouver mon zèle.

Le comte. Que vous êtes aimable ! je sais que, suivant l'ordre et la marche ordinaires, ma pièce sera soumise à un examinateur qui, dans son rapport, en recommandera, ou plutôt déconseillera la lecture devant le comité.

Scipion. Hélas !

Le comte. Mais, je vous avoue que, diplomate en herbe, je n'ai pas l'habitude de suivre les chemins battus. Je veux donc, avant tout, faire la connaissance personnelle de messieurs et de mesdames les sociétaires.

Scipion. Et vous comptez sur moi pour cela ?

Le comte. Justement : le foyer du Théâtre-Français est, dit-on, charmant !

Scipion. En effet.

Le comte. Il est ouvert à une foule d'artistes distingués dans tous les genres et même à quelques hommes du monde; c'est à ce dernier titre que, présenté par vous, je serais heureux d'y être admis.

Scipion. Dès ce soir, monsieur le comte, je me mets à votre disposition.

Le comte, *en lui serrant la main*. Merci. Nos amis ne m'avaient pas trompé : votre obligeance et votre grâce sont extrêmes. Maintenant, je voulais vous prier aussi...

SCÈNE VII

Les mêmes, JOSEPH, *entrant par le fond, après avoir frappé deux fois sans obtenir de réponse et d'un air mystérieux.*

Joseph. Monsieur, il y a là une dame qui demande à vous parler.
Scipion. Je suis occupé et ne puis pas la recevoir.
Le comte, *se levant.* J'ai fini; je me retire.
Scipion. Au contraire, je vous en prie, restez!
Le comte, *en souriant.* Vous le regretterez peut-être plus tard.
Scipion. Non, je vous assure; je n'attends personne; c'est quelque quémandeuse...
Joseph. Monsieur se trompe : cette dame semble fort bien.
Scipion. Son nom ?
Joseph. Elle n'a pas voulu le dire.
Le comte. Diable! est-elle jolie?
Joseph. Je n'ai pas pu m'en assurer: elle a un voile très épais.
Scipion. Eh! bien alors, comment savez-vous?...
Joseph, *en souriant.* C'est que, avant même de me parler, elle m'a remis cette pièce de vingt francs.
Scipion. Ah! je comprends.
Joseph, *au comte.* Et puis, vrai! là, elle sent... tout à fait bon!
Le comte, *à Scipion.* Etes-vous heureux! Dieu! moi, à votre place.....
Joseph, *gravement.* Vous avez raison, monsieur!
Scipion. Allons, je vois que Joseph, par intérêt; vous, par...
Le comte. Par goût des aventures romanesques!
Scipion. Et moi, par curiosité, je l'avoue, nous voici tous trois du même avis.
Joseph. Bon! je vais faire entrer?
Le comte. Attendez! je me sauve!

Scipion, *au comte, en montrant la droite.* Non, passez dans ma chambre à coucher, où il y a des livres, des revues. Je vais échanger avec cette dame quelques mots...

Le comte. Seulement?

Scipion. Seulement; et tout à l'heure, nous pourrons reprendre notre conversation interrompue.

Le comte. Soit!

Scipion. Surtout, de la discrétion?...

Le comte. Soyez tranquille, je ne verrai et n'entendrai rien, je vous le jure!

SCÈNE VIII

SCIPION, *revenant après avoir conduit le comte dans sa chambre.*

Là, maintenant, Joseph, introduisez cette dame.

Joseph, *d'un air triomphant.* Tout de suite, monsieur.

Scipion, *à part.* Ah! si l'on savait combien je suis peu disposé à encourager les intrigues galantes! (*Il s'incline tout à coup à la vue d'une dame, devant laquelle Joseph ouvre les deux battants de la porte; celle-ci, avant d'entrer, s'arrête et se tient immobile sur le seuil.*) Entrez donc, madame, je vous prie! (*La dame s'avance enfin et s'assied sur un fauteuil, puis reste quelques instants sans dire un mot, pendant que Joseph ferme lentement la porte du fond.*)

SCÈNE IX

SCIPION, La DAME

Scipion. Qui ai-je l'honneur de recevoir?

La dame, *d'une voix très basse.* Inutile de vous le dire, monsieur.

Scipion. Comme il vous plaira, madame; je vous écoute?

La dame, *après avoir fait un effort sur elle-même pour parler.* Monsieur, je suis Espagnole, très Espagnole, quoique j'aie été élevée dans un pensionnat de

Bordeaux. J'épousai, dans cette ville, il y a quelques années, un Français aussi aimable que léger et qui, après m'avoir transportée dans un véritable paradis conjugal, vient de me précipiter tout à coup dans un enfer de jalousie, car, il me trompe !

Scipion. En êtes-vous bien sûre, madame ?

La dame. Oh! oui; hélas! pourquoi l'ai-je quitté d'une minute ? mais une parente malade me réclamait à Bordeaux où mon mari n'a pas voulu me suivre. Or, pendant mon absence, une misérable fille de théâtre a réussi à lui faire oublier ses devoirs les plus sacrés.

Scipion. Croyez, madame, que je compatis sincèrement à un désespoir... sans doute... mal fondé !

La dame. Plût au ciel !

Scipion. Peut-être même tout à fait injuste ; et je serais heureux de pouvoir vous en donner la preuve, car ce serait pour vous, n'est-il pas vrai, la meilleure des consolations?

La dame. Des consolations !... il n'en est plus qu'une pour moi !

Scipion. Laquelle?

La dame. La vengeance !

Scipion. Prenez garde !

La dame. Mon mari le sait; je l'en ai toujours menacé. Au surplus, je vous le répète, la vengeance seule me donnera ensuite la force de tout supporter en silence, pour l'amour de ma famille et par respect pour mon nom !

Scipion, *à part*. Quelle énergique passion !

La dame. Je n'ai pas perdu la tête, comme vous voyez, puisque je choisis pour... complice...

Scipion. Pour complice?

La dame. Un homme d'honneur, s'il en fût !

Scipion, *vivement*. Vous me trouverez tel, madame, e m'y engage !

La dame. J'en suis bien certaine : vous jouissez d'une excellente réputation; j'aime votre talent et votre personne me plaît depuis longtemps. Je vous ai souvent rencontré à cheval dans les bois de Ville-d'Avray; une fois même, dans le monde, j'ai fait quelques tours de valse avec vous.

Scipion. Où donc ?

La dame. Bref, depuis plusieurs jours, je repais ma vue et mon imagination de votre photographie que voici, (*elle tire de sa poche une carte photographique qu'elle y remet aussitôt*) et qui ne me quitte plus.

Scipion. Assurément, c'est très flatteur pour moi; mais je vous ferai remarquer que je ne suis pas disposé, fût-ce en amour, à venger toutes les injures faites aux personnes que je ne connais pas, même de vue!

La dame. Oh! monsieur, je suis jeune... et belle, dit-on.

Scipion. Je n'en doute pas; cependant, avouez que nous pourrions nous croire au bal de l'Opéra! (*La dame relève aussitôt son voile, puis retire son chapeau et son mantelet qu'elle pose, ainsi que son ombrelle, sur un meuble.*) Ah! c'est vrai : jeune et belle! décidément je donne tous les torts à monsieur votre mari. Seulement, dans ces beaux yeux que vous détournez malgré vous, je découvre encore beaucoup plus de passion pour lui que pour moi! (*La dame fait un mouvement.*) Or, tant que je ne me sentirai pas le maître absolu de votre cœur, je n'y prétendrai aucunement.

La dame, *désolée*. Quoi?...

Scipion. Tout ou rien! madame; voilà ma devise en amour.

La dame, *à part*. O ciel!...

Scipion. D'ailleurs, l'excès même de votre fureur jalouse me prouve que votre imagination a dû s'égarer.

La dame, *en soupirant*. Malheureusement non, monsieur.

Scipion. Tenez, je me fais fort de vous le prouver; mais, il faudrait, pour cela, avoir en moi une confiance illimitée, me révéler, par exemple...

La dame. Je vous raconterai tout, monsieur; apprenez d'abord que j'ai pour rivale heureuse une misérable comédienne nommée Arsène Dumont. (*On entend du bruit à gauche.*)

Scipion. Arsène Dumont! la plus honnête personne de la terre! (*A part*)! Ah! parbleu, je devine, c'est la femme du comte!

La dame, *effrayée, montrant la gauche*. Quel bruit viens-je d'entendre de ce côté? Nous ne sommes donc pas seuls?

Scipion. Pas tout à fait; (*montrant la droite*) dans cette chambre, un jeune homme m'attend; mais rassurez-vous, madame, vous ne courez aucun danger.

La dame. Oh! je ne crains rien et, pour vous le prouver, je suis prête, si vous l'exigez, à vous dire mon nom.

Scipion. A quoi bon? N'êtes-vous pas la comtesse de Lodève?

La dame, *étonnée*. En effet.

Scipion. Parlez bas, madame, car la personne (*montrant la droite*) en question...

La dame. Eh bien?

Scipion. C'est votre mari!

La dame. Mon mari! que vient-il faire ici?

Scipion, *tenant d'une main le bouton de la porte à droite*. Plus tard, vous le saurez; mais partez, partez vite, et surtout prenez garde d'être aperçue sortant de chez moi!

La dame, *froidement*. Vous avez raison.

Scipion. Remettez votre chapeau, baissez votre voile; quant à moi, pour vous donner le temps de fuir, je vais aller dans la pièce voisine tenir compagnie à M. de Lodève et l'y retiendrai quelques minutes encore.

La dame. Merci; dans un instant, je serai loin!

SCÈNE X

La COMTESSE, *seule, remettant son chapeau en toute hâte.*

Quel événement! grand Dieu! pouvais-je m'attendre à ce qui arrive?

SCÈNE XI

La COMTESSE, ARSÈNE, *sortant furieuse de la porte à gauche.*

Arsène, *à part.* A nous deux, maintenant ! (*Haut.*) Madame !...

La comtesse, *se retournant.* Madame ?... (*A part.*) Qui est cette femme ? (*Haut, en voulant sortir par le fond.*) Pardon, je suis pressée...

Arsène. Vous ne sortirez pas !

La comtesse. Hein ?

Arsène. Puisque vous éprouvez si vivement le besoin de la vengeance, vous comprendrez que d'autres l'éprouvent également, surtout quand on parle d'eux comme vous venez de le faire de moi !

La comtesse. Vous vous trompez, madame, je ne vous connais pas.

Arsène. Je suis mademoiselle Arsène Dumont.

La comtesse. Ah ! je ne m'étonne plus si vous osez me braver en face !

Arsène. Je ne vous brave pas, mais je suis une honnête fille et ne souffrirai pas, je vous le répète, que vous parliez de moi dans des termes injurieux !

La comtesse. Cependant... avez-vous reçu plusieurs fois mon mari chez vous, rue de Hanovre ?

Arsène. Oui.

La comtesse. Y a-t-il passé des heures entières ?

Arsène. Des heures !...

La comtesse. Avez-vous accepté de lui des bouquets ? Ne niez pas ! j'ai tout vu de mes yeux, cachée que j'étais dans le fond d'une voiture de place.

Arsène. Je conviens de tout cela, madame, seulement, je vais aussi vous donner ma version : un jeune homme, se disant auteur dramatique, est venu nous lire, à ma mère et à moi, une comédie dans laquelle il me destinait un rôle.

La comtesse. Quoi ! c'était... plus bas, je vous en conjure !

Arsène. Rien ne prouvait que ce jeune homme fût

marié ; peu m'importait, du reste, qu'il le fût ou non.
LA COMTESSE. Ainsi donc...
ARSÈNE. J'avouerai cependant que, soit par galanterie, soit dans l'intérêt de sa pièce, il se crut obligé de me faire la cour.
LA COMTESSE, *furieuse*. Le misérable !
ARSÈNE. Mais ce que j'affirme, c'est qu'il n'a jamais été encouragé...
LA COMTESSE, *suppliante*. Non, n'est-ce pas ?
ARSÈNE. Et ne le sera jamais par moi ! J'aime un autre que lui, madame.
LA COMTESSE. Ah ! tant mieux.
ARSÈNE. Ma présence chez un auteur dramatique n'a rien, j'espère, de compromettant pour moi. Au reste, je vous certifie, madame, que, dans le monde des artistes, je jouis d'une excellente réputation.
LA COMTESSE. Je le crois, mademoiselle ; il me suffit de vous voir et de vous entendre pour en être convaincue. J'étais folle : Les apparences sont souvent trompeuses. De grâce, ménagez-moi dans l'avenir un moyen de réparer mes torts envers vous !
ARSÈNE. Ce mot seul me les fait oublier ! Je sais, madame, que vous courez un grand danger ; venez, suivez-moi, je vous aiderai à fuir.
LA COMTESSE, *reprenant son mantelet*. Oui. Ah ! et mon ombrelle que j'oubliais ! (*Pendant qu'Arsène est déjà rentrée dans le cabinet et que la comtesse se retourne pour aller prendre son ombrelle, la porte de droite s'ouvre et le comte paraît. Aussitôt la comtesse se sauve à gauche, mais pas avant d'avoir été reconnue.*)

SCÈNE XII

LE COMTE, SCIPION.

LE COMTE. Ma femme ici !...
SCIPION, *à part*. O ciel !... (*haut*) Vous vous trompez !
LE COMTE. Je prétends que non !
SCIPION. Je prétends que si !
LE COMTE. Prouvez-le-moi !

Scipion. En compromettant une autre personne, n'est-ce pas ?

Le comte. Eh ! que m'importe ? (*Il veut ouvrir la porte fermée au verrou.*) Ouvrez, madame !

Scipion. N'ouvrez pas !

Le comte, *furieux*. Monsieur ! prenez garde !

Scipion. Vous oubliez que vous êtes chez moi !

Le comte. Au contraire, et plus tard nous aurons une explication à ce sujet.

Scipion. Quand vous voudrez.

Le comte, *de plus en plus furieux*. Venez donc, madame !

Scipion. Restez ! ou plutôt, au fond de mon cabinet, il y a une porte donnant sur l'antichambre, fuyez par là !

Le comte. Non, toutes les issues vous seront fermées ; je vais aller me planter moi-même devant la porte d'entrée.

Scipion, *se plaçant devant la porte du fond*. Vous ne passerez pas !

Le comte. Oh ! c'est trop fort ! (*Il le prend au collet*). Nous allons bien voir !

SCÈNE XIII

Les mêmes, ARSÈNE, *qui a mis le chapeau et le mantelet de la comtesse* (1).

Arsène. Me voici, monsieur, puisque vous l'exigez !

Scipion, *à part*. Que vois-je ? encore elle !...

Le comte, *interdit*. Comment... c'était vous !

Scipion, *vivement*. Surtout, n'allez pas croire !... Mademoiselle était venue me demander des changements... (*à Arsène*) Vous avez eu tort de vous montrer.

Arsène. Nullement : Je tenais à remercier monsieur qui daigne me faire part de l'existence de madame son épouse, car il avait jusqu'ici négligé de me révéler ce détail important.

---

(1) Arsène et la comtesse doivent avoir chacune un chapeau et un mantelet très différents de ceux de l'autre.

Le comte, *préoccupé.* C'est possible... en effet...
Arsène, *en riant.* Vous l'aviez oublié.
Le comte, *saisissant l'ombrelle de sa femme.* Ah ! je savais bien que je ne m'étais pas trompé !
Scipion, *à part.* Grand Dieu !
Arsène, *froidement.* Messieurs, je vous salue !... (*Au comte.*) Voulez-vous me donner mon ombrelle, s'il vous plaît ?
Le comte. Permettez, mademoiselle, vous ne prétendrez pas me faire croire que cette ombrelle vous appartienne ?
Arsène. Si vraiment.
Le comte. Pourquoi donc y a-t-il sur cette pomme une couronne de comtesse ?
Arsène, *hésitant.* Parce que... je l'ai achetée ainsi, d'occasion.
Le comte. Vous jouez à ravir la comédie d'intrigue ; malheureusement j'aperçois sur ce manche d'ivoire un défaut que le hasard m'y avait déjà fait remarquer.
Arsène, *riant.* Oh ! la belle preuve !

SCÈNE XIV

Les mêmes, La COMTESSE, *portant le chapeau et le mantelet d'Arsène.*

Le comte. Ah ! enfin ! vous vous décidez à paraître ?
La comtesse. Oui. Je vous remercie, mademoiselle, de vos efforts dévoués ; mais le ciel veut, et je trouve juste, que le coupable seul soit puni.
Le comte. C'est-à-dire ?...
La comtesse. Que la vérité, dût-elle courir tout Paris, est encore, selon moi, le meilleur des dénouements.
Le comte. Parlez donc, expliquez-moi votre conduite !
La comtesse. Causons d'abord de la vôtre, s'il vous plaît : Vous avez voulu séduire mademoiselle ?
Le comte. Dans l'intérêt de ma pièce, c'est possible.
La comtesse. Et vous avez échoué ?
Le comte. Oh ! complètement.

La comtesse. Continuez, mademoiselle, à mériter nos suffrages sous tous les rapports ! Pour ma part, je vous remercie du fond du cœur. (*Lui glissant une bague à un doigt.*) et vous prie de conserver ce bijou comme un gage de ma reconnaissance.

Arsène. Oh! madame, y pensez-vous? un diamant de ce prix!

La comtesse, *en lui serrant les mains*. Ce n'est pas assez ; j'espère que vous me permettrez de vous prouver mon estime en vous offrant mon amitié bien sincère.

Arsène, *avec enthousiasme*. Merci! Oh merci, madame ; j'accepte, car vous allez m'obliger à m'en montrer toujours digne. (*Bas à Scipion.*) Décidément, j'épouserai votre protégé.

Scipion. Et vous aurez raison.

Le comte, *avec impatience*. Maintenant, y aurait-il indiscrétion, madame, à vous demander ce que vous faites chez monsieur?

La comtesse, *froidement*. Guy, vous savez combien je suis jalouse et vous n'avez pas oublié mes menaces ? Eh! bien, je l'avoue, j'étais venue ici pour me venger!

Le comte, *vivement*. Mais, d'abord, madame, il n'y avait pas encore lieu!...

La comtesse. Ma foi! je vous croyais irrésistible et, sans le vouloir, j'aurais pris les devants.

Le comte. Vous conviendrez que c'est un peu fort!

La comtesse. Tant pis! je vous le répète : Si jamais vous me trompez, je me vengerai ; ce sera la dernière preuve de mon amour!

Le comte. Bien obligé.

La comtesse. Heureusement pour vous, j'ai encore eu la prudence de m'adresser à l'homme le plus estimable, le plus vertueux de la terre!

Arsène. Assurément.

Scipion. Tenez!... puisque chacun se confesse, je vais aussi vous donner l'explication de ma conduite... plus que ridicule. (*Au comte*) n'est-ce pas?

La comtesse. Par exemple!

Arsène. Au contraire.

Scipion. Apprenez que je suis à la veille d'épouser une cousine dont je suis vivement épris.

Arsène, *à part.* Je comprends alors! j'aime mieux cela!

La comtesse. Vous me la présenterez, j'espère?

Scipion, *s'inclinant.* Avec le plus grand plaisir, madame.

Le comte, *à part.* A mon tour! (*Haut.*) Mademoiselle, il me reste à vous offrir mes excuses, (*gaiement*) toujours avec le rôle principal de ma pièce.

La comtesse. Que nous jouerons chez moi, dans le grand salon de l'hôtel.

Arsène. A la bonne heure!

Le comte, *à Scipion.* Quant à vous, mon cher ami, (*lui serrant les mains avec force*) je ne vous dis que ça!...

Scipion. C'est bien assez.

La comtesse, *à son mari.* Et à moi, monsieur, que direz-vous maintenant?

Le comte. Hum! méchante! (*Il sourit et l'embrasse sur le front.*) Que c'est vilain d'être égoïste à ce point!

La comtesse. Chacun de nous a ses défauts. (*Lui prenant le bras et d'un air triomphant.*) C'est égal, je ne m'attendais pas à sortir d'ici à votre bras!

Le comte. Ah! ça, je vous demande à tous le secret sur cette petite aventure!

Arsène. Moi aussi.

La comtesse. Je crois bien!

Scipion. Nous y avons tous le même intérêt, car, vous le savez, dans le monde, la vérité est toujours revue, corrigée et considérablement augmentée!

UN RICOCHET D'AMOUR

COMÉDIE EN UN ACTE

PERSONNAGES

M. MAX REYNOLD.	40 ans.
M. CHARLES MOREL, docteur en médecine. . .	32 —
Mᵐᵉ ADRIENNE STOFFEL.	30 —
FANNY, sa nièce.	20 —

Un salon de maison garnie, avec trois croisées dans le fond, dont une porte-fenêtre, celle du milieu, ouvre sur un balcon. Portes latérales.

SCÈNE I

FANNY, *seule, revenant du balcon et refermant les persiennes.*

J'ai beau regarder de tous les côtés, je ne l'aperçois pas : Il aura été retenu chez lui par quelque malade bavard et curieux comme il y en a tant !... A moins qu'on ne l'ait enlevé de cette bonne ville de Pau. Ah! je ne veux plus le guetter ainsi; ça porte malheur. *(Elle s'assied près de la table.)* Je parie qu'il arrivera dès que je ne penserai plus à lui; mais voilà le difficile, car je ne suis pas encore habituée à mon bonheur, ni remise de l'émotion que j'ai ressentie quand, ici même, hier, Charles m'a fait sa déclaration. *(Revenant à la porte-fenêtre entre-bâillée.)* Quel doux climat pour un 5 mars ! Ah! le délicieux pays! Espérons que je ne le quitterai plus jamais !... *(Écoutant.)* Je ne me trompe pas? Quelqu'un monte l'escalier; c'est lui, bien sûr! *(Elle court ouvrir la porte de droite.)*

SCÈNE II

FANNY, MAX.

FANNY, *l'air désappointé.* Tiens, c'est vous, monsieur Max?

MAX, *timidement et en cachant un énorme bouquet derrière son dos.* Mon Dieu oui, mademoiselle; je ne voulais pas entrer; mais en l'absence de votre servante, je me vois obligé d'apporter moi-même ce petit bouquet.

FANNY. Oh! il est magnifique!

MAX. C'est du moins ce que j'ai trouvé de plus digne d'être offert un jour où...

FANNY, *le prenant et le flairant.* Vous êtes d'une galanterie, monsieur Reynold!

MAX. On a bien raison de comparer les fleurs aux femmes.

FANNY. Ma foi non! ce n'est guère flatteur pour nous, puisque dans quelques jours ces fleurs auront perdu toute leur fraîcheur, tandis que les autres...

MAX. Durent beaucoup plus longtemps. Donc, pour conserver celles-ci, je vous prierai de les mettre...

FANNY. Dans l'eau?

MAX. Justement.

FANNY. Vous avez raison, tenez! (*Elle verse de l'eau dans un vase qui est sur la table et y place le bouquet.*) Oh! le beau bouquet!...

MAX. J'espère qu'il plaidera ma cause; je tremblais qu'il ne déplût.

FANNY. Par exemple!... au contraire.

MAX. Je suis peut-être bien hardi d'oser... mais il y a de ces choses qu'un bouquet seul peut se charger de dire.

FANNY, *à part.* Tiens, tiens, tiens, c'est une déclaration!... Le pauvre cher homme arrive un peu tard. Tâchons surtout de ne pas lui rire au nez!

MAX, *à part.* Je crains qu'elle ne comprenne pas! (*Haut.*) Comment se porte madame votre tante?

FANNY. Très bien, merci. Je vais la prévenir que vous êtes là.

MAX. Oh! non, pas en ce moment, je reviendrai plus tard.

FANNY, *à part, en riant.* Il a peur d'elle, c'est évident.

MAX. Au revoir, mademoiselle.

FANNY. A tantôt! (*Max ouvre la porte à droite et se trouve nez à nez avec Charles.*)

4.

SCÈNE III

Les mêmes, CHARLES.

FANNY, *à part.* Ah ! le voici !
MAX. Bonjour, docteur !
CHARLES. Eh bien, vous partez quand j'arrive ?
MAX. Non pas, je reste.
CHARLES, *donnant une longue poignée de main à Fanny, en la regardant fixement pendant quelques instants.* Comment se porte ma chère malade ?
FANNY, *avec tendresse.* Oh ! tout à fait bien, depuis hier surtout.
CHARLES. Que je suis heureux !...
FANNY. Et moi donc !
CHARLES, *à Max.* A propos, que faites-vous aujourd'hui ?
MAX. Je me tiens aux ordres de ces dames. (*A Fanny.*) Quels sont-ils ?
FANNY. Puisque le temps s'est maintenu au beau, nous comptons faire une promenade à cheval sur la jolie route des Eaux-Bonnes.
MAX. Je vais donc aller retenir nos trois chevaux pour deux heures précises.
CHARLES. Retenez-en quatre, cher ami !
FANNY. Comment ?...
MAX. Vous nous accompagneriez ?
CHARLES. Oui : je suis appelé en consultation dans un château des environs que vous visiterez avec plaisir en m'attendant.
MAX. Bravo !
FANNY. Bravissimo !
MAX. Je cours choisir nos quatre chevaux ! (*Saluant.*) Mademoiselle...
FANNY. A tout à l'heure !...
CHARLES, *bas à Max en le reconduisant à la porte de droite.* Et notre grande affaire ? Y a-t-il du nouveau ?
MAX, *bas.* J'ai suivi votre conseil et me suis déclaré.
CHARLES, *bas.* Eh ! bien ?

SCÈNE IV

Max, *bas.* J'attends la réponse et avec une anxiété !...
Charles, *bas.* Tant mieux : vous vous sentez guéri, n'est-ce pas ? Plus de langueurs, plus d'anémie !
Max, *bas.* En ce moment, du moins, la fièvre me soutient.
Charles, *bas.* La fièvre ! (*Lui tâtant le pouls.*) Oui, ma foi. Oh ! ces vieux garçons, ils sont terribles quand l'amour les tient ! Dans quelques minutes, je vous ferai ma visite quotidienne et nous recauserons de tout cela !
Max, *sortant.* Je vais chez le loueur, puis rentrerai vous attendre.

SCÈNE IV
CHARLES, FANNY.

Fanny, *tendant ses mains que Charles baise plusieurs fois.* Enfin, nous voici seuls !
Charles. Oui, chère enfant ! Ah ! qu'il me tardait de me retrouver ici, après cette belle journée d'hier, où vous m'avez avoué que votre cœur m'appartient tout entier.
Fanny. Et je le répète : Cette existence que je vous dois, je serais heureuse de vous la consacrer !
Charles. Il faut, aujourd'hui même, nous confier à votre tante.
Fanny. C'est bien mon intention.
Charles. Je la crois on ne peut mieux disposée envers moi ; nous la prierons d'écrire à votre père et de lui transmettre ma demande.
Fanny. Qu'il agréera, j'en suis certaine : Mon père respecte trop la liberté de mon cœur pour songer... d'ailleurs, quel meilleur moyen aurait-il de s'acquitter envers vous ?
Charles. Il n'en est pas ! On lui fera comprendre aussi le besoin que j'ai, pour tenir ma maison de santé, d'une épouse jeune, jolie, aimable et intelligente, qui jette, comme vous le faites déjà, un charme extrême dans notre société. Qu'il le sache bien, au reste, si je cessais d'employer le remède connu de moi seul, et

au moyen duquel je vous ai sauvée, vous retomberiez bientôt dans l'état de maigreur, de consomption où vous étiez à votre arrivée à Pau.

Fanny. Quel remède?

Charles. Ah! c'est mon secret; mais je n'en dois plus avoir pour vous : Apprenez donc que ce remède, c'est l'amour!

Fanny. L'amour?

Charles. Voici comment j'en fis la découverte : Dès le commencement de ma carrière médicale, un sujet mâle, dont aucun organe ne me semblait gravement atteint, et à qui mes soins n'apportaient aucun soulagement, étant devenu subitement amoureux, guérit à vue d'œil et se maria peu après dans un état de santé des plus florissants. Cette expérience, renouvelée plusieurs fois par moi, et toujours avec le même succès, me donna la conviction que, dans certains cas, le médecin n'a d'autre service à rendre à ses malades que de leur procurer ce remède violent.

Fanny. Se peut-il?

Charles. La chose est souvent assez difficile; mais avec de la patience, du tact et surtout un peu d'audace, on obtient, par ce dérivatif puissant, des résultats extraordinaires. Voilà, ma chère Fanny, tout le secret de mes cures... dites merveilleuses.

Fanny. Qui vous ont rendu si célèbre dans le pays.

Charles. Et m'ont permis d'y fonder cette maison de santé.

Fanny. Véritable lieu de délices.

Charles. Grâce à la société choisie, aux distractions de toutes sortes, aux promenades à pied, à cheval, en voiture, tantôt dans le parc de l'établissement, tantôt dans la campagne; grâce enfin aux soirées musicales ou dansantes, et toujours, autant que possible, à la vie en commun. Aussi, avant d'y admettre et d'y garder quelqu'un, dois-je le soumettre à un examen moral et physique, et n'est-ce que quand, par sa position de fortune, son caractère, son âge, son état de veuvage ou de célibat, je suppose que l'amour peut et doit encore galvaniser son cœur que je me charge d'entreprendre sa guérison. Quant à ceux qui ne remplissent pas mes conditions, aux vieux, aux vrais malades, aux incurables enfin, je les adresse à mes confrères qui, naturellement, se montrent aussi flattés que reconnaissants de ma délicatesse. Bref, je guéris mes malades les uns par les autres. Or, les amoureux n'étant jamais malades, il suffit pour guérir un malade... peu sérieux...

FANNY. De le rendre amoureux? Et c'est ce que vous avez fait pour moi, monsieur!

CHARLES. Ai-je eu tort?

FANNY. Non, certes, mais je crains que ma tante ne nous surprenne ensemble! partez vite! à votre retour, je vous rendrai compte de la conversation que j'aurai eue avec elle.

CHARLES. Soit! je monte chez mon malade du second.

FANNY. Monsieur Max Reynold? vous pouvez dire votre ex-malade, car il se porte à merveille.

CHARLES. Depuis que je l'ai guéri, toujours par le même moyen.

FANNY. Comment? *(A part.)* Ah! mon Dieu, est-ce que, à mon tour, j'aurais servi de remède?

CHARLES, *sortant*. Je me sauve pour redescendre dans un instant.

FANNY. A tout à l'heure!

SCÈNE V

FANNY, *seule*.

Pourquoi donc ma tante m'a-t-elle quittée aussitôt après le déjeuner et s'est-elle retirée dans sa chambre? Je pourrais la faire prévenir que j'ai à lui parler; non, attendons-la patiemment, si c'est possible. Ah! je l'entends!

SCÈNE VI

FANNY, ADRIENNE, *arrivant par la porte-fenêtre du balcon*.

ADRIENNE. Me voici; je viens d'écrire plusieurs lettres à Paris.

FANNY. C'est donc cela!... Comme tu me surveilles mal! En ton absence, j'ai reçu la visite de deux jeunes gens.

ADRIENNE. Lesquels?

FANNY. D'abord M. Max.

ADRIENNE. Oh! tu as bien fait de ne pas me déranger.

FANNY. Ensuite le docteur.

ADRIENNE. Pour celui-là, c'est différent, tu aurais dû m'appeler; j'avais justement quelque chose à lui demander.

FANNY. Sois tranquille, il va revenir.

ADRIENNE. Ah! tant mieux, sais-tu que tu as une mine de prospérité, qui fait plaisir à voir?

FANNY. Je ne me suis jamais aussi bien portée.

ADIENNE. Quelle différence avec ce que tu étais il y cinq mois!

FANNY. Ma bonne tante! quand je pense que je te dois ma guérison!

ADRIENNE. Ta guérison?

FANNY. Sans doute, car sans toi je serais forcément restée à Paris, tandis que tu as tout quitté pour m'amener passer l'hiver ici et y partager mon exil. (*Elle se lève et vient l'embrasser avec effusion.*) Oh! vois-tu, jamais ma reconnaissance ne pourra égaler ce bienfait!

ADRIENNE. En vérité, chère petite; tu exagères mon sacrifice!

FANNY. Par exemple! te priver du séjour de Paris pendant un hiver entier, toi, sa plus charmante veuve, qui y est fêtée, recherchée partout!

ADRIENNE. Ah! ça, Dieu me pardonne, je crois que tu deviens folle!

FANNY. Folle à lier!... du reste, je suis avec toi, comme avec une amie, une sœur; je ne te cache rien; aussi, ma bonne tante, j'éprouve en ce moment le besoin de te dire.....

ADRIENNE. Quoi donc?

FANNY, *l'embrassant de nouveau.* Que je t'aime que je t'adore. (*Tombant à genoux.*) Oui, à deux genoux!... tiens, tu es ce que je connais de meilleur au monde et, je te le répète, jamais je ne pourrai m'acquitter envers toi!

ADRIENNE, *la relevant*. Ton enthousiasme, chère enfant, me rend presque honteuse.

FANNY. Honteuse!

ADRIENNE. Apprends donc que le mobile qui m'a fait t'accompagner ici est beaucoup moins désintéressé que tu ne le crois!

FANNY. Vraiment?

ADRIENNE. Certes, en te voyant malade au point où tu l'étais l'automne dernier, je n'eusse pas hésité à te suivre n'importe où. Aussi, quand les médecins conseillèrent à mon pauvre frère, resté veuf et retenu à Paris par ses affaires, de t'envoyer passer l'hiver à Pau, j'offris de t'y accompagner.

FANNY. Et avec quel empressement!

ADRIENNE. Oh! c'est que, indépendamment de ma tendresse pour toi, il existait un autre motif...

FANNY. Un autre motif?

ADRIENNE. Oui, tiens, plutôt que de rester ainsi en butte aux élans d'une reconnaissance par trop exagérée, je préfère tout te confier.

FANNY. Parle, je ne suis pas curieuse, mais j'adore les confidences.

ADRIENNE. Tu le sais, je ne possédais aucune fortune lorsque M. Stoffel eut la générosité de m'offrir la sienne. Il était beaucoup plus âgé que moi; à défaut de l'amour, ce fut donc la raison qui me décida à accepter sa main. Je m'en aperçus bientôt, hélas! quand mon mari devint le correspondant, à Paris, d'un jeune étudiant en médecine, fils d'un de ses amis de province.

FANNY. Comment?...

ADRIENNE. Ce jeune étudiant qui n'était autre que Charles.

FANNY, *à part*. O ciel!

ADRIENNE. Venait continuellement à la maison, et tu comprendras peut-être que, dès la seconde année, sa vue ne m'était plus indifférente.

FANNY, *à part*. Qu'entends-je?

ADRIENNE. Sans cesse on nous forçait à faire ensemble de la musique, car je lui donnais des leçons de chant, et sa voix, qui était déjà fort belle, se mariait admirablement à la mienne. Il nous accompagnait dans le monde où Charles se plaisait infiniment. Te l'avouerai-je ? Je finis par sentir que je l'aimais.

FANNY, *vivement*. Et lui ?

ADRIENNE. Mon Dieu, quoique fort aimable avec moi, il se taisait, du moins, ce qui me permit de le garder auprès de nous. Malheureusement ma passion grandissait chaque jour, et j'en devins absorbée au point de n'être plus moi-même.

FANNY, *à part*. Hélas !

ADRIENNE. Un incident imprévu me donna enfin la force de rompre le charme tout-puissant qui m'obsédait.

FANNY. Lequel ?

ADRIENNE. Nous venions, dans une soirée, de chanter ensemble un duo d'amour, lorsqu'une plaisanterie sur notre passion évidente l'un pour l'autre, faite près de moi et que seule j'entendis, me dévoila le danger que je courais. Dès le lendemain, je racontai la chose à mon mari et lui fis comprendre à grand'peine qu'il ne devait plus retenir ce jeune homme à Paris. Celui-ci venait justement d'être reçu docteur et avait toujours dû s'établir à Pau, son pays natal. Bientôt, en effet, il nous quitta en nous donnant les assurances d'une reconnaissance et d'une amitié bien vives. Lui parti, je crus que j'allais retrouver ma tranquillité. Il n'en fut rien, et j'eus beau faire, le calme ne rentra plus dans mon cœur. Que te dirai-je ? Mon mari mourut subitement, me laissant toute sa fortune. Je me vis alors libre et presque riche. Je portai longtemps le deuil ; cependant chaque fois que j'entendais parler de notre jeune docteur et de ses cures merveilleuses, il me prenait une envie folle de partir pour Pau, en prétextant une affection quelconque ; mais j'étais encore retenue par la crainte du scandale et me contentais de faire des romans qui tous aboutissaient à mon mariage avec Charles. Peu à peu mon système nerveux en devint tellement surexcité que je ne dormais plus, et j'allais sans doute me mettre dans l'obligation de faire le voyage de Pau, quand ta maladie si réelle me parut une occasion admirable de réaliser mes projets. Tu sais le reste, chère petite : Je ne suis pas hypocrite et ne veux plus que tu ignores que mon dévouement était un peu... trop intéressé.

FANNY, *qui s'est contentée de soupirer plusieurs fois pendant ce récit.* Je n'en reviens pas ! (*A part.*) Pauvre tante, laissons-lui du moins son erreur !

ADRIENNE. Si j'ose te raconter tout cela, c'est que la manière d'être de Charles avec moi et son assiduité auprès de nous, ne me laissent plus aucun doute sur le dénouement probable. Eh bien ! que dis-tu de ma confidence ?...

FANNY. Je dis... je dis... que... vous êtes dignes l'un de l'autre.

ADRIENNE. Tu crois ? flatteuse ! Mais n'est-ce pas que tu me comprends ?

FANNY. Certainement. (*A part.*) Elle a bien fait de parler, car j'allais lui déchirer le cœur. Comment cacher mon trouble ? (*Haut.*) A propos, nous partons à deux heures.

ADRIENNE. Ah ! M. Max a retenu nos trois chevaux ?

FANNY. Il en a même retenu un quatrième pour Charles... Pour M. Charles, qui sera des nôtres.

ADRIENNE. Quelle joie !... Et ses malades, il ose donc les quitter ?

FANNY. C'est justement pour nous conduire à un château des environs dont le propriétaire le réclame.

ADRIENNE. Bon ! tant mieux, je cours mettre mon amazone ; surtout, toi, ne te fais pas attendre.

FANNY. Ne crains rien ! (*Adrienne sort par le balcon.*)

SCÈNE VII

FANNY, seule.

Ah ! j'éprouvais le besoin d'être seule ! Pauvre chère ante ! quelle déception si jamais on lui apprenait la vérité ! Ce n'est pas moi qui aurais ce courage, non plus que celui d'épouser Charles, là, sous ses yeux.

SCÈNE VIII

FANNY, CHARLES, *entr'ouvrant la porte de droite et à voix basse.*

CHARLES. Eh bien ! quelles nouvelles ?
FANNY, *à part.* Le voilà ! Que lui dire ? (*Haut.*) Mon Dieu, je n'ai pas encore cru devoir faire notre confidence à ma tante, car je l'ai trouvée peu bienveillante à votre égard.
CHARLES. Je n'en reviens pas !...
FANNY. Dès que j'ai eu prononcé votre nom, elle m'a déclaré qu'elle avait peine à vous reconnaître, tant vous lui sembliez changé.
CHARLES. Sous quel rapport ?
FANNY. Il paraît que, autrefois, à Paris, vous aviez pour elle des soins, des attentions, tandis que maintenant, au contraire... Qu'y a-t-il de vrai ?
CHARLES. La vérité, ma chère Fanny, c'est que, je dois vous l'avouer aujourd'hui, mon cœur n'était pas resté insensible à ses charmes de toutes sortes...
FANNY, *à part.* Lui aussi !...
CHARLES. Et il n'a fallu rien de moins que vous-même pour m'empêcher de continuer à l'aimer et de me montrer beaucoup plus audacieux, puisqu'elle est veuve actuellement. (*En riant.*) Qui sait ? sans vous, je serais peut-être devenu votre oncle !
FANNY, *à part.* Alors, je renonce à lui !...
CHARLES. Ni du vivant, ni depuis la mort de son mari, je n'ai adressé à votre tante un seul mot de tendresse ; je reste donc complètement libre de disposer de mon cœur.
FANNY. N'importe, je vous le déclare, moi, aussi longtemps que ma tante conservera les mauvaises dispositions où je la vois, je me garderai bien de la mettre au courant de nos projets !

SCÈNE IX

Les mêmes, ADRIENNE, *revenue sur le balcon, par la gauche, et s'y arrêtant.*

Que dit-elle ? (*Elle reste cachée derrière les persiennes entr'ouvertes et écoute la scène suivante.*)

Charles. Pourquoi cela ?

Fanny. Parce que ma tante n'admettrait mon amour pour vous, que si vous lui inspiriez à elle-même un sentiment quelque peu tendre. Les femmes sont ainsi faites : En général, elles n'approuvent que les passions qu'elles partageraient presque.

Charles. C'est pourtant vrai.

Fanny. Eh ! bien donc, j'exige que, à force de gracieusetés, d'égards, de gentillesses...

Charles. Quoi ! vous désirez que je lui fasse la cour?

Fanny. Précisément : vous êtes très aimable quand vous le voulez; ainsi, occupez-vous d'elle exclusivement; rendez-la folle de vous, si c'est possible, je vous le permets.

Charles. Diable !

Fanny. Ce qu'il y a de certain, c'est que, pour le moment, vous ne lui plaisez guère.

Charles. Vous m'étonnez ! je la croyais au contraire on ne peut mieux disposée en ma faveur.

Fanny. Vous vous trompiez furieusement.

Charles. Enfin, je vais tâcher de la séduire ; ce sera drôle et même très amusant. Chaque jour, je vous tiendrai au courant de mes progrès et nous en rirons ensemble.

Fanny. Oui. (*A part, en soupirant.*) Joliment !

Charles. Savez-vous, ma chère Fanny, que vous êtes bien imprudente car... si j'allais finir par l'aimer réellement ?...

Fanny. C'est ce que vous pourriez faire de plus sensé : Connaissez-vous beaucoup de femmes qui soient comparables à ma tante, sous le rapport de la beauté, de l'esprit, et surtout de la bonté, de l'égalité de caractère?

CHARLES. Je n'en connais qu'une qui lui est mille fois supérieure !

FANNY. Oh ! taisez-vous !

CHARLES. Soyez tranquille, allez, il n'y a pas de danger que cela arrive : d'abord, je déteste les veuves, et puis vous avez encore trop besoin de moi.

FANNY. Quelle fatuité !

CHARLES. Fatuité de médecin seulement : c'est par l'amour que je vous ai sauvée. Eh ! bien, si tout à coup je cessais de vous aimer, vous dépéririez à vue d'œil.

FANNY. Allons donc !... Ah ! voici ma tante !

SCÈNE X

LES MÊMES, ADRIENNE, *en amazone.*

ADRIENNE. Comment, tu n'es pas encore prête ?

FANNY. Je n'ai besoin que de cinq minutes ! (*Elle sort en courant par la porte à gauche.*)

SCÈNE XI

ADRIENNE, CHARLES.

CHARLES, *lui tendant la main.* Bonjour, chère madame.

ADRIENNE, *ne lui donnant pas la main et paraissant chercher quelque chose sur la table.* Bonjour, docteur ! (*A part.*) Ah ! je le déteste maintenant et ne saurais plus le regarder en face.

CHARLES, *à part.* La tante me boude, évidemment. Elle a pu être froissée de mon indifférence ; je vais tout réparer.

ADRIENNE, *à part.* Fanny a bien fait de lui dire le contraire de la vérité... Dieu ! s'il se doutait que... j'en mourrais de honte !

CHARLES, *à part.* Voici le moment de l'attaque ! En avant la séduction ! (*Il reste interdit.*)

ADRIENNE, *à part.* Etait-ce par manque de confiance ou de franchise qu'elle me cachait tout ? Non ! N'importe, je me vengerai de lui en empêchant leur mariage.

CHARLES. Dites-moi, chère madame, vous ne vous êtes plus ressentie de ces palpitations de cœur que vous m'aviez signalées?

ADRIENNE, *troublée.* Nullement.

CHARLES. Je pensais bien qu'elles ne se renouvelleraient pas. Quant à votre nièce, son état est toujours des plus florissants.

ADRIENNE. Oui. Aussi, je compte la reconduire prochainement à Paris.

CHARLES, *vivement.* Quoi! Vous songeriez à partir?

ADRIENNE. Assurément. Voici le printemps et Fanny doit pouvoir sans danger retourner dans sa famille.

CHARLES. Ne le croyez pas!

ADRIENNE. Oh!

CHARLES. Non, vrai! je vous parle très sincèrement : si vous quittiez Pau aujourd'hui, dès demain, vous la verriez perdre ses belles couleurs, en un mot, s'étioler.

ADRIENNE. Vous pensez donc qu'elle ne peut plus se passer de vous?... de vos soins, veux-je dire!

CHARLES. De mes soins, si; mais de notre climat, non.

ADRIENNE. Alors, c'est que vous ne l'avez pas guérie?

CHARLES. Pardon; seulement, pour que sa guérison se consolide, vous devriez passer encore, tant à Pau qu'aux Pyrénées, la plus grande partie de l'été.

ADRIENNE. Oh! cela me serait impossible!

CHARLES. Impossible! à vous qui êtes libre comme l'air!

ADRIENNE. Qu'en savez-vous?

CHARLES. Dame, je le suppose, du moins.

ADRIENNE. Vous vous trompez, peut-être.

CHARLES. Hélas! vous ne vous plaisez donc plus assez dans notre beau pays pour lui sacrifier votre affreux Paris?

ADRIENNE. Non, certes.

CHARLES. Ce n'est guère aimable de votre part! Moi, au contraire, depuis que j'ai repris la douce habitude de vous sentir toujours là, à mes côtés, il me semble que votre absence me laisserait dans un désert.

Adrienne. Quelle exagération !

Charles. Ma parole ! Et la preuve, c'est que, pour vous retenir ici et vous y distraire, je m'engagerais à faire, chaque jour, avec vous, une belle promenade à pied ou à cheval ; puis, tous les soirs, nous nous remettrions à chanter ensemble des duos, comme jadis, hein ? C'était le bon temps ! Auriez-vous perdu le souvenir de nos succès ?

Adrienne. Dites des vôtres, car c'était à votre belle voix et à votre sentiment musical que nous les devions.

Charles. Je crois plutôt et suis sûr même que la majeure partie des applaudissements s'adressait à cette jeune et ravissante femme dont le talent, la grâce et la modestie, charmaient tout le monde.

Adrienne, *à part*, Comme il se moque de moi !

Charles, *à part*. En avant les compliments ! (*Haut.*) Je ne lui servais que de repoussoir, et ce qu'il y avait de plus cruel pour moi, c'est que seul, hélas ! je devais cacher mon enthousiasme et paraître indifférent, quand je l'étais si peu !

Adrienne, *à part*. Oh ! c'est trop fort, et je vais éclater !

Charles, *à part*. En voilà assez pour une première séance ! Ça marche très bien et nous continuerons plus tard. (*Haut, en regardant sa montre.*) Mais j'oublie que j'ai encore une visite à faire ici près. Je reviens dans un petit quart d'heure. (*Il lui prend une main qu'il serre tendrement. Mouvement involontaire d'Adrienne.*) Ah ! mon Dieu, vous avez la peau brûlante ! Voyons ce pouls !

Adrienne, *retirant sa main*. A quoi bon ? je me porte à merveille !

Charles. Je voudrais bien voir qu'il en fût autrement ! Ne suis-je pas là et à vous de tout cœur ? (*Il sort par la droite pendant qu'Adrienne se contente de s'incliner.*)

SCÈNE XII

ADRIENNE, *seule*.

Oh! si seulement je pouvais lui prouver que j'ai une passion...... pour n'importe qui!... Certes, c'est à lui seul que j'en veux : Aller tourner la tête à cette enfant! quel abus de confiance! un médecin n'a pas le droit d'aimer ses malades et surtout de s'en faire aimer.

SCÈNE XIII

ADRIENNE, FANNY, *en amazone*.

FANNY, *pâle et les yeux rougis par les larmes, mais en s'efforçant de sourire*. Je n'ai pas été longtemps, j'espère?

ADRIENNE. Non, au surplus, les chevaux ne sont pas encore arrivés.

FANNY. Ces messieurs non plus, à ce que je vois, pas même M. Max, d'ordinaire si exact.

ADRIENNE. Comme tu sembles pressée de partir!

FANNY. Dame, je tiens à jouir de mon reste, car maintenant que me voilà guérie, nous n'avons plus rien à faire ici. (*Bas.*) Moi, du moins.

ADRIENNE, *à part*. Que signifie?... (*Haut.*) Quoi! tu songerais à quitter Pau?

FANNY. Certainement : J'ai un si grand besoin de revoir mes parents, mes amis, toutes nos connaissances et mon cher Paris. Oh! tiens, décidément, je le sens, j'ai le mal du pays.

ADRIENNE. Le mal du pays! toi, qui ne pouvais te lasser d'admirer cette ville ainsi que ses environs, et qui ne faisais qu'un souhait : celui de ne plus t'en éloigner!

FANNY. Oh c'est de l'histoire ancienne!

ADRIENNE. Hier encore!...

FANNY. Eh! bien, aujourd'hui je ne demande plus qu'une chose, c'est que nous trouvions une occasion... enfin quelqu'un de sûr qui puisse me reconduire à Paris, sans t'obliger à quitter aussi un pays que tu adores et où, d'ailleurs, tu as d'autres raisons que moi pour séjourner.

ADRIENNE, *à part.* Serait-elle sincère?

FANNY, *à part.* Moi partie, elle ramènera plus facilement le volage.

ADRIENNE, *à part.* Comme elle est pâle! pauvre enfant! ses yeux sont rouges; on voit qu'elle a pleuré; sa mine me semble déjà moins bonne... Mon Dieu, si le docteur disait vrai! Oh! il n'y a pas à hésiter! elle, d'abord! (*Haut.*) Fanny, si tu m'en crois, c'est plutôt le contraire qui aura lieu.

FANNY. Comment?

ADRIENNE. Le docteur m'a déclaré, et je partage son avis, que le séjour de Pau te sera indispensable longtemps encore.

FANNY. Ah! si tu écoutes les médecins! Ils ont de bonnes raisons pour ne pas se séparer de leurs malades.

ADRIENNE. Cela ne saurait s'adresser à Charles qui, avec nous, du moins, se montre beaucoup trop désintéressé.

FANNY. Je ne dis pas non, mais...

ADRIENNE. Ce qui m'occupe, ce serait, au contraire, d'imaginer un moyen convenable de te laisser ici.

FANNY. Seule?

ADRIENNE. Tiens, par exemple, tu devrais t'y marier!

FANNY. Moi!... et avec qui, bon Dieu?

ADRIENNE. Voyons un peu : Plusieurs de ces messieurs paraissent épris de toi; quel est celui d'entre eux qui te plairait le plus et dont la position te permettrait d'habiter Pau ou ses environs?

FANNY. Au fait, c'est une idée!

ADRIENNE. N'est-ce pas? (*A part.*) Elle y vient d'elle-même. (*Haut.*) Cherchons ensemble?

FANNY. Je ne vois guère que M. Max.

ADRIENNE. M. Max, qui a la quarantaine sonnée!

FANNY. Qu'importe? C'est un excellent homme, connu et estimé à vingt lieues à la ronde. Il a, dit-on, ce qui ne gâte rien, des forges importantes dans ce pays et se trouve déjà à la tête d'une fortune considérable.

SCÈNE XIII

Adrienne. C'est égal, il n'est pas assez jeune pour toi; d'ailleurs tu ne l'aimes pas.

Fanny. Oh! la belle raison! Ne sais-tu pas, par expérience, qu'on peut se marier sans amour et être cependant fort heureuse?

Adrienne. Oui, quelquefois, à la condition d'être idolâtrée par celui...

Fanny. Justement, depuis ce matin, j'ai acquis la preuve que M. Max ne demanderait pas mieux que de m'épouser.

Adrienne. En vérité?

Fanny. Il se montre d'une complaisance, d'une galanterie avec moi... Ne vient-il pas encore de m'apporter ce superbe bouquet, en me disant des choses... enfin son trouble m'a paru... très clair.

Adrienne, *examinant le bouquet.* Ah!

Fanny. Sa timidité avec les femmes explique que nous ne nous en soyons pas aperçues.

Adrienne, *retirant un papier du bouquet.* Eh! mais, tu as raison; voici un billet qui, au besoin, lèverait tous nos doutes!

Fanny. Un billet, voyons!... ouvre-le!

Adrienne, *le lui remettant.* C'est pour toi! lis-le toi-même.

Fanny, *l'ouvrant.* Tiens, ce sont des vers! (*Lisant*) « Je viens madame, » (*elle s'arrête.*) Madame!
Ah! oui, c'est une forme du langage poétique!

(*Reprenant :*)
« Je viens, madame, ici, le jour de votre fête, »
« Vous prier d'agréer ce trop modeste don, »
« En vous disant tout bas que je vous crois parfaite »
« Et serais trop heureux de vous donner mon nom! »

Adrienne, *prenant le papier d'un air triomphant.* C'est pour moi, 5 mars, sainte Adrienne.

Fanny. En effet. Par exemple, le pauvre homme fait bien de mauvais vers!

Adrienne. Tu es trop difficile. Quoi qu'il en soit, je lui sais un gré infini de son attention. (*On frappe à la porte à droite.*) Entrez!...

SCÈNE XIV

Les mêmes, CHARLES, *introduisant de force* MAX.

Charles. Entrez donc, mon cher, que diable! on ne vous mangera pas. (*Annonçant*) M. Max Reynold!

Max, *il entre en regardant par terre et conserve l'attitude d'un criminel repentant.* Grand Dieu! qu'ai-je fait?

Charles. Nous venons, mesdames, vous prévenir que les chevaux sont là!

Adrienne. Très bien, nous descendons; mais avant j'ai à remercier monsieur Reynold du magnifique bouquet qu'il a apporté pour moi.

Max, *d'un ton suppliant.* Oh! madame, pardonnez-moi!

Adrienne. Pourquoi donc? Seriez-vous honteux d'être le seul ici qui ait pensé à me souhaiter ma fête?

Fanny, *avec regret et en regardant Charles qui paraît désolé.* C'est pourtant vrai!

Adrienne. De plus, M. Reynold avait accompagné son bouquet de quelques vers.

Max, *à part, en se cachant le visage.* Je suis perdu!

Fanny, *à l'oreille de sa tante.* Exécrables.

Adrienne, *haut.* Charmants, et qui demandent une réponse.

Charles, *bas à Max.* Voici l'instant solennel!

Adrienne, *à part.* Allons, du courage! c'est l'unique moyen qui me reste de sauver cette pauvre enfant en assurant son bonheur, et qui sait? peut-être aussi le mien! (*Haut.*) M. Reynold, j'accepte votre nom que je m'engage à porter toujours dignement. (*Max pousse un cri et tombe dans les bras du docteur qui lui fait respirer des sels.*)

Fanny, *bas à sa tante.* Mais tu es folle!... et je ne souffrirai pas que... non, non, celui que tu dois épouser, c'est...

Adrienne. Silence, chère petite, tu ne savais pas tout : Apprends que, depuis quelque temps, j'aime en secret M. Max.

Fanny. Eh bien! et Charles? tu es donc infidèle comme lui?

Adrienne. Que veux-tu dire?

Fanny. Qu'il m'a avoué que, jadis, il avait conçu pour toi une vive passion.

Adrienne. Vrai? (*A part.*) Je lui pardonne alors! (*Haut.*) Oui, mais c'est toi qu'il adore maintenant.

Fanny. Comment le sais-tu?

Adrienne. Je sais également que tu l'aimes!

Fanny, *en secouant la tête.* Ah! tous ces changements-là ne me plaisent guère!

Adrienne. Enfant! ce sont de simples ricochets d'amour, après lesquels le cœur plonge et disparaît dans les profondeurs du mariage.

Fanny. Oui, c'est-à-dire qu'il tombe à l'eau!

Adrienne. Ne crains rien! Charles est un habile praticien qui saura toujours te conserver la santé par le bonheur. (*A Charles qui revient avec Max.*) N'est-ce pas, mon neveu?

Charles. Je le jure, ma chère tante, quant à...

Fanny, *à Max.* Notre pauvre oncle...

Charles. Le voici à peu près remis: Ah! la secousse a été si rude que la parole ne lui est pas entièrement revenue; mais j'étais son confident...

Adrienne. Vous?

Charles. Et je puis affirmer qu'il était on ne plus reconnaissant de l'amour que vous lui aviez inspiré et qui, seul, pouvait le guérir. (*Bas à Fanny.*) Toujours suivant mon système.

Adrienne, *pendant que Max lui baise les mains en approuvant tout.* Ainsi j'aurai fait de la médecine sans le savoir!

Charles. Dites plutôt que vous êtes le remède dont la nature s'est servie pour sauver notre ami; et je vous garantis que vous n'aurez pas de regrets.

Adrienne. Je le crois tout à fait.

Charles. Car vous serez, (*bas à Fanny*), après toi, cher ange, (*haut*), la femme la plus aimée de France et de Navarre.

Fanny. Ainsi soit-il!

LUCETTE

OPÉRA-COMIQUE EN UN ACTE (1)

PERSONNAGES :

LE DUC.	25 ans.
MACLOU, valet de chiens.	25 —
FRANÇOIS.	20 —
LUCETTE.	16 —
UNE PAYSANNE.	40 —

Laquais, paysans et paysannes.
(La scène est en province, sous le règne de Louis XV.)

Le théâtre représente une prairie bordée des deux côtés par une rangée de saules. Dans le fond, sur la lisière d'un bois, on aperçoit un vieux chêne à moitié dénudé. Sur un banc de gazon, à gauche, entre deux arbres, sont posés un habit et un chapeau galonnés ainsi qu'un cor de chasse.

SCÈNE I

Au lever du rideau, plusieurs paysans et paysannes, armés de râteaux et de fourches, entourent une douzaine de jeunes filles et de jeunes hommes qui chantent et dansent en rond. Parmi eux, on distingue FRANÇOIS et LUCETTE se tenant par la main.

INTRODUCTION

CHŒUR ET RONDE

A la danse, ma fillette,
Crains-tu pas d'aller seulette ?
A la danse, comme au bois,
Le loup se montre parfois !

ENSEMBLE

LES VIEUX	LES JEUNES
Belle jeunesse,	De la jeunesse
Coulez vos jours	Passons les jours
Dans l'allégresse	Dans l'allégresse
Et les amours !	Et les amours !

(1) La musique de cet ouvrage, ne pouvant pas être enfermée avec lui dans cette fosse commune, sera soumise tôt ou tard au régime de la crémation.

SCÈNE II

CHŒUR ET RONDE

A la danse, ma fillette,
Crains-tu pas d'aller seulette ?
A la danse, comme au bois,
Le loup se montre parfois !

(*Les danseuses se séparent et s'avancent avec précaution vers le fond du théâtre.*)

ENSEMBLE

LES JEUNES

Promenons-nous dans la plaine
Avant que le loup n'y vienne !

LES VIEUX

Promenez-vous dans la plaine
Avant que le loup n'y vienne !

LUCETTE, *leur faisant signe de s'arrêter et s'adressant aux arbres du fond.* Loup !... es-tu là ?

SCÈNE II

LES MÊMES, MACLOU, *en manches de chemise, s'élançant de derrière un des saules.*

Oui, me voilà ! (*Aussitôt toutes les jeunes filles se sauvent sur le devant du théâtre et reforment la ronde avec les garçons, en criant :*

ENSEMBLE

LES JEUNES	LES VIEUX
Au loup ! au loup !	Au loup ! au loup !
Fuyons vite !	Fuyez vite !
Rentrons au gîte,	Rentrez au gîte,
Pour le coup !	Pour le coup !

(*Pendant ce temps, Maclou poursuit Lucette qui finit par lui échapper et se précipite au milieu de la ronde.*)

A la danse, ma fillette,
Crains-tu pas d'aller seulette ?
A la danse, comme au bois,
Le loup se montre parfois !

Maclou, *furieux.*
C'est d'une injustice extrême :
Lucette a su m'échapper,
Tandis que François, qu'elle aime,
Finit bien par l'attraper !
François, *d'un air goguenard.*
Fallait-il la forcer
A se faire embrasser ?
Tous, *riant et se moquant de Maclou.*
Fallait-il la forcer
A se faire embrasser ?
Lucette, *à part, en remarquant le triomphe
de François.*
Est-il une gloire pareille
A celle de l'amant qui plaît ?
François, *à Lucette en lui montrant Maclou.*
A-t-il dit vrai ? Parle ! ô merveille !
Le ciel exauce mon souhait !...
Maclou, *à part.*
Je reste là, je les surveille ;
Chacun son tour, j'ai mon projet :
D'un amour, qui pour moi sommeille,
Bientôt je deviendrai l'objet.
François, *à Maclou.*
Allons, mon cher, courage !
Il faut recommencer,
Sinon, c'est moi...
Maclou, *à part.*
J'enrage !
François.
Qui te vais remplacer.
Maclou, *furieux.*
Je serais assez bonasse
Pour me laisser bafouer !
Non, non, je cède la place,
Non, je ne veux plus jouer !

SCÈNE II

Tous, *à François.*
Eh! bien, va prendre sa place
Puisqu'il ne veut plus jouer!...
François, *bas à Lucette.*
Dans le fond du gros chêne,
Je m'en vais me blottir;
Mais juge de ma peine,
Si tu le fais mentir.
(*Il va se cacher dans le chêne.*)

CHŒUR ET RONDE
A la danse, ma fillette,
Crains-tu pas d'aller seulette?
A la danse, comme au bois,
Le loup se montre parfois!

ENSEMBLE

LES VIEUX	LES JEUNES
Belle jeunesse,	De la jeunesse,
Coulez vos jours	Passons les jours
Dans l'allégresse	Dans l'allégresse
Et les amours!	Et les amours!

CHŒUR ET RONDE
A la danse, ma fillette,
Crains-tu pas d'aller seulette?
A la danse, comme au bois
Le loup se montre parfois!
(*Même jeu que la première fois.*)

ENSEMBLE

LES JEUNES
Promenons-nous dans la plaine,
Avant que le loup n'y vienne!

LES VIEUX
Promenez-vous dans la plaine
Avant que le loup n'y vienne!

Lucette, *en s'approchant du chêne.* Loup es-tu là?

SCÈNE III

Les mêmes, Le DUC.

Le duc, *paraissant à la place de François.* Oui, me voilà !

ENSEMBLE

LES FEMMES	LES HOMMES
Au loup ! au loup !	Au loup ! au loup !
Fuyons vite,	Fuyez vite,
Rentrons au gîte,	Rentrez au gîte,
Pour le coup !	Pour le coup !

(*Le duc, après avoir embrassé Lucette qui se contentait de détourner la tête, lui saisit une main et la ramène tout interdite sur le devant du théâtre, pendant que les autres jeunes gens finissent la ronde en chantant.*)

A la danse, ma fillette,
Crains-tu pas d'aller seulette ?
A la danse, comme au bois
Le loup se montre parfois !

Les paysans suivant des yeux le duc qui parle bas à Lucette et se le montrant les uns aux autres. M. le duc ! M. le duc ! (*Ils se rangent à gauche.*)

Le duc. Ah ! mademoiselle Lucette se laisse attraper ainsi par le loup !

Lucette. Monseigneur...

Le duc. Eh ! mais, Dieu me pardonne ! te voici toute tremblante, toi qui, tout à l'heure, semblais si peu effrayée !... il est vrai qu'il y a loup et loup ; je comprends maintenant la figure de ce jeune gars, quand je lui ordonnai de reconduire mon cheval au château ; je ne savais ce qu'il faisait là, caché dans le creux de cet arbre.

Lucette. Nous jouions, monseigneur.

Le duc. Je le vois bien.

Maclou, *s'approchant, après avoir remis son habit, etc.* Au lieu de travailler au regain !

Le duc. Tiens, c'est toi ?

SCÈNE III

Maclou. Oui, monseigneur, voilà ce qu'ils appellent une corvée !

Lucette. Dame, avant d'aller souper, on peut bien se reposer un brin !

Le duc, *avec bonté.* Sans doute...

Maclou. Jolie manière de se reposer !

Le duc. Ah ! ça, mais toi-même, tu devrais être encore à la chasse avec tes chiens !

Maclou, *embarrassé.* Ils y sont.

Le duc. Sans toi ; aussi, il faut les voir courant au hasard, dans la forêt et y chassant chacun pour son compte !

Maclou. Les animaux !

Le duc. Je suis furieux : Ce satané ragot vient encore de nous échapper et cela, après m'avoir éventré Miraut, mon brave Miraut !

Maclou. Oh ! le maudit sanglier ! nous le lui ferons payer cher !

Le duc. Pas aujourd'hui toujours ! car voici la nuit qui arrive et il est impossible de rien faire par cette chaleur : Les chiens n'ont pas de nez.

Maclou. Pardine : on les rencontre à chaque pas, haletants, rendus et couchés sur le flanc avec une langue longue de ça !... (*Il tire sa langue et imite un chien dans cet état.*)

Le duc. Pendant que M. le valet de chiens danse avec les faneuses !

Maclou. Moi ? au contraire, monseigneur, je vous jure que... demandez-leur plutôt.

Le duc. Tu vas me faire le plaisir de courir rejoindre Germain. (*On entend un cor de chasse dans le lointain.*) Tiens, l'entends-tu rappeler la meute ? Mais occupe-toi d'abord de ce pauvre Miraut que tu retrouveras à la Croix-Verte.

Maclou. Bien.

Le duc. Tâche surtout de le recoudre proprement, s'il en vaut encore la peine, toutefois.

Maclou. Une si bonne bête !

Le duc. Et tu reviendras le plus tôt possible m'en donner des nouvelles.

MACLOU. Oui, monseigneur. (*A part.*) Bon! le v'là qui va tenir sa promesse et parler à Lucette. Oh! il faudra bien qu'elle m'aime!... (*Il sort par le fond en courant.*)

SCÈNE IV

Les mêmes, *moins* MACLOU.

LE DUC. Décidément, Lucette, sais-tu que tu es la plus jolie fille du pays?

LUCETTE, *étonnée*. Moi, monseigneur!...

LE DUC. Du reste, on le dit partout.

LUCETTE. C'est pour me taquiner! (*Avec des larmes dans la voix.*) Je ne sais pas ce qu'ils ont à m'ennuyer comme ça!

LE DUC. Je le sais bien, moi. (*Avec enthousiasme.*) En vérité, je ne connais rien de plus gracieux que toi!

LUCETTE. Monseigneur se moque!...

LE DUC. Nullement.

LUCETTE. Et vos belles du château, donc?

LE DUC, *en riant*. Veux-tu parler de la Douairière de Saint-Sornin?

LUCETTE, *riant*. Oh! non.

LE DUC. Ou de la vicomtesse de Montsaux?

LUCETTE. Non plus, mais de notre future duchesse, mademoiselle de Serbonnes et de sa sœur, mademoiselle Clotilde.

LE DUC. Mes cousines? Ah! c'est différent, elles sont charmantes, en effet, et pourtant, elles n'ont ni cette fraîcheur de teint, ni cette régularité, cette finesse de traits, (*Lucette baisse la tête*) sans compter cet air modeste qui vous sied à ravir, ma mie; quel âge avez-vous?

LUCETTE. Seize ans passés, monseigneur.

LE DUC, *à part*. Voilà bien ce qu'il me faut! (*Haut.*) Vous me plaisez infiniment, mademoiselle Lucette, et si, comme je l'espère, vous vous montrez digne de l'intérêt que vous m'inspirez, je me charge d'assurer votre bonheur. Entendez-vous? Je vous veux du bien, moi! (*Lucette s'incline d'un air joyeux, tandis que plusieurs paysans échangent des regards d'intelligence et quelques paroles à voix basse.*)

Le duc, *bas.* Mais avant tout, il faut que vous me fassiez vos confidences et que je sache au juste ce qu'il y a dans ce joli petit cœur que vous cachez là ! (*En souriant.*) Hein? (*Aux paysans.*) Ah! ça, puisque pour vous, la danse est un repos, revenez ici, à la brune. Il y a bal ce soir au château, en l'honneur de ma fiancée; j'aurai soin que rien ne vous manque pour la fêter dignement. (*En riant.*) Surtout, ne vous rendez pas malade à force de boire à sa santé !... Allez! (*Les paysans saluent en riant et sortent les uns à droite, les autres à gauche.*)

SCÈNE V
Le DUC, LUCETTE.

Le duc. Voyons, Lucette, maintenant que nous sommes seuls, parle-moi à cœur ouvert : As-tu un amoureux?

Lucette, *très bas et en hésitant.* Non, monseigneur.

Le duc. Alors, c'est que tu en as deux, pour le moins, si l'on compte tous les garçons qui te reluquent; mais quel est ton préféré? (*Lucette ne répond rien.*) Je vais tâcher de deviner, moi! (*Se penchant à son oreille.*) Ne serait-ce pas, par hasard, un certain Maclou?

Lucette, *effrayée.* Qui? Monsieur le valet de chiens !...

Le duc. Certainement, Maclou, mon frère de lait, qui était là tout à l'heure... Eh! bien? tu étouffes un gros soupir !... Allons, je vois clairement que ce n'est pas lui. (*En se frappant le front.*) Eh! parbleu, j'y suis! (*En montrant le chêne.*) Comment nommes-tu ce jeune loup?

Lucette, *troublée.* Quel loup?

Le duc. Celui que je viens de remplacer dans l'arbre.

Lucette. Ah! c'est François.

LE DUC. Et que fait-il de son état, ce François ?
LUCETTE. Il est tonnelier dans un village voisin, dépendant de la seigneurie.
LE DUC, *avec malice*. C'est un gentil garçon et qui m'a paru moins grossier, moins commun que les autres.
LUCETTE. Oh! oui, grâce à monsieur l'abbé, qui l'a éduqué lui-même.
LE DUC, *souriant*. Donne-moi donc sur lui quelques renseignements, car je l'ai à peine entrevu, et j'aurai peut-être besoin de ses services.

   LUCETTE. — *(Couplets).*
D'abord il est plein d'obligeance,
Et puis très sage et très rangé ;
Partout on vante sa prudence ;
Il n'est pas, sur lui, négligé.
Jamais il n'a trompé personne ;
Il est si bon, si généreux,
Que ce qu'il possède, il le donne
Pour ne pas voir un malheureux !
LE DUC, *parlé*. Oh ! c'est admirable !
LUCETTE, *parlé*. N'est-ce pas, monseigneur ?
   (Chanté).
Enfin, pourvu qu'on soit sensible,
Et d'un mot; pour tout résumer,
Je dirai qu'il est impossible
De le connaître sans l'aimer !
LE DUC, *parlé*. Ah !

II

LUCETTE

Seul, je crois, dans tout le village,
Il est poli, modeste et doux ;
De sa force et de son courage,
Chacun devrait être jaloux.
Ah ! quant à la danse, il l'adore ;
Et si vous l'entendiez chanter !
Oui, mais ce qui vaut mieux encore : ..
Il sait lire, écrire et compter.

SCÈNE V

Le duc, *parlé, d'un ton approbatif.* Très bien !

Lucette, *parlé, d'un ton affirmatif.* Très bien, oui, monseigneur.

(Chanté).

Enfin, pourvu qu'on soit sensible,
Et d'un mot, pour tout résumer,
Je dirai qu'il est impossible
De le connaître sans l'aimer !

Le duc, *finement.* Et y a-t-il longtemps que tu le connais ?

Lucette, *naïvement.* Oh ! très longtemps, monseigneur.

Le duc. C'est qu'il faut te dire, ma chère enfant, que j'ai résolu de te marier.

Lucette. Me marier !

Le duc. J'ai pour cela des motifs... qu'on t'expliquera plus tard, et puisque ton cœur s'est donné à... François...

Lucette, *anxieuse.* Eh bien ?

Le duc. Eh bien ! tu vas l'épouser sur-le-champ.

Lucette. Je ne demanderais pas mieux ; mais ma mère le trouve trop pauvre.

Le duc. Ta mère ne sait ce qu'elle dit : Si c'est lui qui est pauvre, c'est lui que je doterai.

Lucette, *sautant de joie.* Il se pourrait ?

Le duc. De plus, je te ferai entrer au château.

Lucette. Moi ?

Le duc. Au service de quelqu'un...

Lucette. Mlle de Serbonnes ?

Le duc. Justement : Je me suis chargé de lui choisir une fille de chambre parmi ses futures vassales, et c'est sur toi que j'ai jeté les yeux.

Lucette. Dieu ! quelle chance !

Le duc, *à part.* Je l'aurai ainsi sous la main... (*En lui donnant quelques petites tapes sur les joues*) va, ma petite, nous aurons soin de toi !

Lucette. Oh ! c'est trop de bonheur en un jour !

Le duc. Au fait, tiens, je vais te conduire moi-même au château pour t'y présenter à ces dames ; je ne doute pas que tu leur conviennes. Cependant, comme il ne faut rien négliger, va te faire belle, je t'attends ici.

Lucette, *en sortant par la droite.* J'y cours! ce ne sera pas long!

Le duc. Je le crois facilement.

SCÈNE VI

Le DUC, *seul.*

Ma foi! Tant pis pour ce pauvre Maclou! Eh! Dieu me pardonne, c'est lui que j'aperçois!... il sanglote... nous aurait-il entendus?

SCÈNE VII

Le DUC, MACLOU.

Maclou, *entrant par le fond en sanglotant.* Ah! monseigneur, si vous saviez!...

Le duc. Quoi donc?...

Maclou. Miraut... ce pauvre Miraut...

Le duc. Il est perdu?

Maclou. Non.

Le duc. Ah! tant mieux!

Maclou. C'est-à-dire que je l'ai retrouvé, mais dans quel état!

Le duc. Parle!

Maclou, *sanglotant de nouveau.* Il est crevé, hi! hi! hi! une si bonne bête!

Le duc. Que veux-tu!

Maclou, *cessant tout à coup de pleurer.* Eh bien! à propos, quelles nouvelles de l'autre?

Le duc. Qui ça, l'autre?

Maclou. Lucette!

Le duc. Mon cher, Lucette est ravie d'entrer au château; seulement, ce n'est pas toi qu'elle aime.

Maclou. Elle a osé vous l'avouer?

Le duc. Parfaitement.

Maclou. Hein? faut-il qu'elle ait peu de cœur pour préférer à moi votre frère de lait, ce gueux, ce misérable... François!

Le duc. Tu le connais?

Maclou. Pardine, un intrus, un... sans père ni mère!

Le duc. Comment?

Maclou. Pi'que c'est un enfant trouvé!

Le duc. Ah! Il n'en est que plus intéressant.

Maclou. Intéressant? lui! voilà que vous le protégez maintenant? Allons, bon! pourquoi ne les mariez-vous pas ensemble tout de suite?

Le duc, *froidement*. C'est aussi mon intention.

Maclou. Eh bien! et moi?

Le duc. Toi? mais du moment que tu ne plais pas à Lucette?

Maclou. Je lui plairais si elle me connaissait mieux.

Le duc. Diable! Tu es modeste.

Maclou. Dame, je le vaux b'en son François! et je parie qu'il ne serait pas difficile d'en dégoûter Lucette!

Le duc. De quelle manière?

Maclou. En lui faisant vous-même un doigt de cour.

Le duc. Malheureux! Tu oublies que je suis à la veille de me marier?

Maclou. Qu'importe? Lucette serait si fière, si glorieuse..... De son côté, François est un franc égoïste et plutôt que de la partager avec qui que ce soit, il préférerait y renoncer tout à fait, alors naturellement.....

Le duc. Va te promener! Je ne me prêterai certainement pas à cette odieuse comédie! d'ailleurs, je n'ai plus le temps de t'écouter; je rentre m'habiller. Toi, reste ici : Lucette va revenir; tu l'amèneras au château, où nous la forcerons à s'expliquer clairement. (*Il sort par la gauche.*)

SCÈNE VIII

MACLOU, *seul.*

C'est ça! arrange-toi comme tu pourras! (*Haussant les épaules.*) Ça lui coûterait si peu! Ah! ma foi! j'y renonce; tant pis pour elle! J'étais trop bon, de me mésallier à ce point! (*Allant s'asseoir sur le banc et s'essuyant le front.*) A c'te heure, du reste, je donnerais toutes les Lucette du monde pour une bonne bouteille de vin! (*Il se couche sur le banc.*) Hein? qu'est-ce que je sens là? (*Il retire un panier de derrière le banc.*) Les provisions des faneurs! (*Fouillant dans le panier.*) Du fromage, du pain et du vin! c'est le ciel qui me les envoie. (*Après avoir bu.*) Ce vin-là ne vaut pas celui du château; mais c'est égal. Oh! que ça fait de bien! (*Il boit pendant chaque ritournelle.*)

(*Couplets*)

I

Chacun dit : Aimer c'est vivre!
Quelle erreur! j'ose affirmer
Que l'amour ne rend plus ivre
Quand on se laisse affamer;
Car pour vivre (*bis*)
Il ne suffit pas d'aimer!

En pressant la bouteille sur son cœur :

Aussi, vraiment,
Pour le moment,
C'est toi, ma chère,
Que je préfère.
Aussi, vraiment,
Pour le moment,
Transports jaloux, je vous renie!
Plus tard vous aurez votre tour :
Dès que ma ~~pensée~~ *panse* est bien garnie,
Je me sens le cœur plein d'amour!

II

(*D'un air tragique, en s'adressant au panier de provisions.*)

Moi, supporter votre absence?
Jamais! Ne le croyez pas.
Je tombais en défaillance,
Vous m'arrachez au trépas!
A l'absence
De pitance,

SCÈNE IX

Hélas !
On ne survit pas.
Aussi, vraiment,
Pour le moment, etc. etc.

(*Il veut encore boire, mais renverse la bouteille avec désespoir.*) Déjà vide ! quel malheur ! Plus je bois, plus j'ai soif !... Oh ! c'est égal, ça va mieux. Que dis-je ? au contraire, voilà que je redeviens amoureux ! Oui, maintenant, il faut, à tout prix, que Lucette m'appartienne ! (*Écoutant.*) On accourt de ce côté... Bon ! la voici qui revient ; à nous deux ! Ciel ! François !

SCÈNE IX

MACLOU, FRANÇOIS, *arrivant par la gauche.*

François, *tout agité.* Le seigneur n'est plus là ?
Maclou. Tu le vois bien.
François. Est-ce vrai qu'il a embrassé Lucette ?
Maclou. Parbleu, là, devant tout le monde.
François, *désolé.* Mon Dieu !...
Maclou, *à part.* Est-il jaloux ! Tiens, au fait, quelle idée !...
François, *en hésitant.* Tu crois donc qu'il la trouve jolie ?
Maclou. Je t'en réponds, il la dévorait des yeux.
François, *vivement et en s'efforçant de sourire.* Heureusement que nous ne sommes plus soumis au droit du seigneur !...
Maclou. Bah ?
François. Non : grâce au ciel, dans cette province, du moins, on l'a converti en prestation pécuniaire.
Maclou, *riant.* Ah ! c'est-à-dire que le seigneur seul n'aurait plus le droit de plaire à Lucette et de s'en faire aimer ?
François. Dame ?...
Maclou. Eh ! bien, à défaut de droit, il en a les moyens et ça lui suffit !
François. Enfin Lucette est libre de repousser...
Maclou. Mon pauvre ami, tu me fais pitié !
François. Pourquoi cela ?

Maclou. Si tu avais vu comme elle était fière, comme elle se rengorgeait !

François, *douloureusement*. Vraiment ?

Maclou, *à part*. Bon ! ça mord ! *(Haut.)* Du reste, elle va entrer au château, ainsi...

François. Au château !...

Maclou. En qualité de fille de chambre ; elle est en train de faire sa toilette, car il ne suffit pas de plaire à monseigneur, il faut convenir aussi à mademoiselle de Serbonnes.

François. Oh ! c'est trop fort ! et si Lucette accepte une situation pareille, je ne la reverrai de ma vie !...

Maclou. Quoi ! son entrée au château te ferait renoncer à elle ?

François. Tu en doutes ?

Maclou. Non, tiens, fais comme moi, (*il lui tend la main*) et n'y pensons plus !

François. Certainement. *(Ils se donnent une poignée de main.)*

DUO

Maclou, *gaiement*.
Consolons-nous !

François, *avec désespoir*.
Consolons-nous !

Maclou.
Il n'est pas qu'une femme au monde !
Nous serions fous,

François.
Nous serions fous,

Maclou
Si notre peine était profonde.

François, *avec fureur*.
L'ingrate ! Oublier ses serments !...

Maclou
Et se moquer de nos tourments !

SCÈNE IX

FRANÇOIS
Ainsi donc, elle fut coquette?

MACLOU
Au point que... j'en suis indigné!...

FRANÇOIS
Le seigneur lui contait fleurette?

MACLOU
Et j'écoutais, l'air résigné!...

FRANÇOIS
J'en suis indigné!...

ENSEMBLE

MACLOU, *à part.*
Moi, j'ai bon cœur
Mais son malheur
Fait mon bonheur.
Mon rival devient ma victime
Et je ris de son désepoir
Moins légitime
Que facile à voir!

FRANÇOIS, *à part.*
Quelle douleur!
Ah! sa noirceur
Fait mon malheur.
Malgré la fureur qui m'anime,
A tout prix, de mon désespoir
Trop légitime,
Ne laissons rien voir!

MACLOU
Si tu veux que, de son offense,
Tous les deux nous tirions vengeance,
Je te le dis en confidence,
Il est un excellent moyen...

FRANÇOIS
Quoi!... tu songerais... c'est infâme!...
Je la chéris! N'en sais-tu rien?

MACLOU
Prouve-le lui : sur mon âme,

LUCETTE
Aime bien qui punit bien!

FRANÇOIS
Non, je n'ai pas cette sagesse.

MACLOU
Mon pauvre ami, quelle faiblesse!
Ah! pour bien placer sa tendresse,
Il faut, crois-moi,
N'aimer que soi.

FRANÇOIS
Parle pour toi,
Car j'ai foi
Dans son innocence.

MACLOU
On a le droit de s'aveugler!
Veux-tu savoir ce que j'en pense?

FRANÇOIS
Je préfère n'en plus parler!
Malgré ses charmes,
Que je la plains!

MACLOU, *à part en riant.*
Eh! quoi, de larmes
Ses yeux sont pleins!

ENSEMBLE

MACLOU, *à part.*
Moi, j'ai bon cœur,
Mais son malheur
Fait mon bonheur.
Mon rival devient ma victime
Et je ris de son désespoir
Moins légitime
Que facile à voir!

FRANÇOIS, *à part.*
Quelle douleur!
Ah! sa noirceur
Fait mon malheur.
Malgré la fureur qui m'anime
A tout prix, de mon désespoir

SCÈNE X

Trop légitime
Ne laissons rien voir!

Consolons-nous!
Il n'est pas qu'une femme au monde;
Nous serions fous,
Si notre peine était profonde.
Consolons-nous!

Maclou. Comment t'y prendras-tu pour l'oublier?
François. Je quitterai le pays.
Maclou. Et où iras-tu?
François. Je l'ignore; mais je ne puis croire encore à tant d'infortune! Lucette doit aller au château, dis-tu? Je l'attends et l'arrêterai au passage pour savoir d'elle-même toute la vérité.

Maclou, *à part.* Diable! s'ils se voyent, je suis perdu; tâchons de les tenir éloignés l'un de l'autre! (*Haut*) tu as raison : Lucette ne peut tarder à paraître, car le seigneur lui a donné rendez-vous ici.

François, *troublé.* Le seigneur?
Maclou. Oui; il va revenir dans l'instant.
François, *s'éloignant de quelques pas.* En ce cas... n'importe, je reste!

Maclou, *à part.* Que faire? un mot d'elle peut tout gâter... Eh! mais j'y songe, voici la nuit qui approche, pourquoi n'userais-je pas moi-même de ce droit que François conteste au seigneur et que je lui reconnais, moi? Plus tard, Lucette me remerciera de ma trahison. Oui, courons tout préparer! (*Haut*). Allons, adieu, mon cher, le service du chenil me réclame. (*Il sort par la gauche en chantant : Consolons-nous! François ne lui répond pas, absorbé qu'il est dans ses réflexions.*)

SCÈNE X

FRANÇOIS, *seul, se promenant à grands pas.*

Non, je ne puis me faire à l'idée de la perdre ainsi! Le duc est bon, juste; j'irai me jeter à ses pieds en lui disant : Monseigneur, aurez-vous le courage de sacrifier à... un caprice, la félicité de deux êtres, faits l'un pour l'autre? Oui, mais si, comme le prétend Maclou, Lucette me trompe, me trahit? ce qui est probable, ce qui est certain, car... (*en se prenant la tête dans les mains*). Ah!

AIR

Tout est fini! je le sens dans mon cœur!
Tout est fini! J'ai perdu le bonheur!
Par instants, comme une statue,
Je reste immobile et glacé;
Un nuage obscurcit ma vue,
Et je deviens presque insensé.
Ah! Je suis par trop misérable!
Le repos de mon âme a fui;
Envers moi le sort est coupable,
Je ne dois accuser que lui!
Si, de l'excès de ma tendresse,
Il a voulu se faire un jeu,
Me faudra-t-il pleurer sans cesse,
Un amour qui dura si peu?
Tout est fini! Je le sens dans mon cœur,
Tout est fini! J'ai perdu le bonheur!

Décidément, adieu Lucette! adieu pour toujours! (*Écoutant*). Je ne me trompe pas! elle accourt de ce côté... Cachons-nous et voyons ce qu'elle fera! (*Il se tient à l'écart.*)

SCÈNE XI

FRANÇOIS, LUCETTE.

LUCETTE. François! François! (*Elle arrive par la droite, toute joyeuse et toute parée.* Personne! comprend-on ce François qui n'a pas eu l'esprit de rentrer au village et de deviner ce qui l'y attend? Oh! comme il me tarde de lui apprendre la grande nouvelle! Mais, la surprise, le plaisir pourraient lui faire du mal; je prendrai au contraire un petit air triste, maladif même; François est un peu médecin; il me tâtera le pouls, il voudra me soigner... enfin, je lui demandera une consultation comme ceci :

SCÈNE XI

AIR

« Mon gentil médecin,
Pourriez-vous me dire
Un remède anodin
Guérissant soudain
L'amoureux martyre ? »
C'est au cœur
Qu'est ma douleur
Et j'ai grand' peur
D'être incurable,
Car, vraiment,
A tout moment,
Elle m'accable.
Mon gentil médecin,
Pourriez-vous me dire
Un remède anodin
Guérissant soudain
L'amoureux martyre ? »
— « Non, plutôt mourir
Que d'en guérir ! »
— « Tous vos soins me font-ils du bien ?
En vérité je n'en sais rien ;
Mais votre absence m'inquiète ;
Je voudrais en vain me calmer ;
Mon état ne peut s'exprimer,
Et c'est alors que je répète :
Mon gentil médecin,
Pourriez-vous me dire
Un remède anodin
Guérissant soudain
L'amoureux martyre ? »
— « Non, plutôt mourir
Que d'en guérir ! ».

Puis, quand je le verrai bien sage, bien raisonnable, je lui donnerai ma recette, qu'il trouvera excellente, j'en suis sûre.

FRANÇOIS, *revenant.* Lucette, écoute-moi !

LUCETTE. Ah ! (*Voulant lui sauter au cou*). Je te cherche pour te dire...

François, *la tenant à distance.* Pardon!...
Lucette. Devine ce qui m'arrive!...
François, *froidement.* C'est inutile!
Lucette. Le seigneur nous veut du bien.
François. Je n'en doute pas.
Lucette. Il compte te doter.
François, *furieux.* Moi?
Lucette. Afin que tu m'épouses immédiatement!
François. Il n'en sera rien!
Lucette. Pourquoi cela?
François. Parce que je ne me sens pas d'humeur à devenir un mari... complaisant!
Lucette. Tu jurais au contraire de l'être toujours!
François. Pas ainsi!
Lucette. Que signifie?... Explique-toi!...
François. Oui, car je vois que tu n'es pas coupable.
Lucette. Coupable?
François. Jure-moi que tu n'as pas encouragé le seigneur!
Lucette. Le seigneur?
François. Qui va te faire entrer au château...
Lucette. Au service de sa fiancée.
François. Tu lui plais donc?
Lucette. Il me l'a dit du moins.
François. En t'embrassant?
Lucette. Non, ce n'est qu'après.
François. Malheureuse, apprends qu'il se joue de ton innocence et t'attire dans un piège où je perdrais l'honneur si je te suivais!
Lucette. Ciel! Je crains de te comprendre! *(Haussant les épaules.)* Mais non, tu es fou d'aller l'imaginer que le seigneur s'occuperait d'une pauvre fille de campagne... telle que moi!...
François, *ironiquement.* Ce serait la première fois!
Lucette. Qu'est-ce qui te le fait croire?
François. Peu importe! Tu vois que j'étais bien informé.
Lucette. Je soutiens le contraire, moi : On me fait entrer au château pour servir de fille de chambre à mademoiselle Serbonnes.

SCÈNE XI

FRANÇOIS. Et l'on nous marie parce que monseigneur...

LUCETTE... veut, à l'occasion de son mariage, faire deux heureux de plus!

FRANÇOIS, *d'un air incrédule.* Assurément.

LUCETTE. La preuve, c'est qu'il te donne la préférence sur Maclou.

FRANÇOIS. Merci bien de la préférence!

LUCETTE, *en lui serrant une main avec énergie.* Ecoute, François, plutôt que de céder au seigneur, je me jetterais dans la rivière avec une pierre au cou!

FRANÇOIS, *l'entourant de ses bras.* Oh! ma chère Lucette!...

LUCETTE. Je ne tiens plus à entrer au château!

FRANÇOIS. On t'y forcera.

LUCETTE. Je quitterai ce village.

FRANÇOIS. Nous nous sauverons tous deux!

LUCETTE. Oh! pas ensemble.

FRANÇOIS. Non, mais... (*montrant la gauche.*) On vient de ce côté!...

LUCETTE. C'est le seigneur... entraîne-moi!...

TRIO

(*La nuit complète est arrivée peu à peu.*)

FRANÇOIS, *faisant quelques pas vers la droite.*
Fuyons!

LUCETTE, *anéantie par l'émotion.*
    Je n'en ai plus la force :
Ici l'effroi retient mes pas ;
A te suivre en vain je m'efforce!...

FRANÇOIS, *cherchant à l'entraîner.*
Le péril affaiblit mon bras!

LUCETTE
Pars, laisse-moi, j'aurai la force
De résister car je ne l'aime pas.

FRANÇOIS, *suppliant.*
Sois-moi fidèle,
Sinon cruelle,
Tu lui devras
Ta honte et mon trépas!

SCÈNE XII

Les mêmes, MACLOU. *Il a endossé l'habit de chasse du duc et entre par la gauche en se donnant des airs de grand seigneur. A mesure qu'il avance, François recule. Pour expliquer l'éloignement de François sans Lucette, il faut que Maclou, tout essoufflé et après avoir cherché à tâtons quelques instants, ait rencontré Lucette et la retienne par la main.*

MACLOU
J'accours au rendez-vous !
Je me suis un peu fait attendre,
Car au château j'ai dû me rendre ;
Calme donc ton courroux !

LUCETTE, *tremblante.*
Par pitié, monseigneur...

MACLOU
Surtout, plus de tristesse,
Je tiendrai ma promesse
Et ferai ton bonheur.
Ainsi, voyons, parle, commande,
Dis-moi bien tout ce que tu veux !

LUCETTE
Le bonheur qu'au ciel je demande,
C'est celui de mon amoureux !

MACLOU
Que tu me rends heureux,
Puisque cet amoureux,
C'est moi !

LUCETTE
Non, c'est François !

(*Maclou saisit Lucette dans ses bras ; mais celle-ci lui échappe bientôt.*)

FRANÇOIS, *se rapprochant.*
Je n'y tiens plus !
Soins superflus,
C'est trop souffrir !
Mieux vaut mourir !

SCÈNE XII

ENSEMBLE

Lucette
De mes refus,
Ne doutez plus!
Que devenir?
C'est trop souffrir!

Maclou
Je ne crois plus
A ses refus;
Pour en finir,
Il faut agir!

François
Je n'y tiens plus!
Soins superflus!
C'est trop souffrir,
Mieux vaut mourir!

(Maclou, *revenant à la charge auprès de Lucette.*)

Ne crains donc rien !
C'est pour ton bien!

Lucette
Je ne veux rien!

Maclou
Si tu réponds à mon amour
Pour un seul jour,
Je te donnerai des toilettes
Aussi brillantes que bien faites;
Des bijoux, une montre d'or,
Que sais-je encor?
Cède et soudain, sans tromperie,
A ton amant je te marie!...

Lucette, *se débattant toujours.*
Je ne veux rien!

Maclou
C'est pour ton bien!

ENSEMBLE

Lucette
De mes refus

Ne doutez plus!
Que devenir?
C'est trop souffrir!

MACLOU
Je ne crois plus
A ses refus;
Pour en finir,
Il faut agir!

FRANÇOIS
Je n'y tiens plus!
Soins superflus!
C'est trop souffrir,
Mieux vaut mourir!

LUCETTE, *les mains jointes.*
Monseigneur,
Je vous en supplie,
Prenez ma vie,
Mais laissez-moi l'honneur!

MACLOU, *trahissant son ivresse.*
Je te fais beaucoup d'honneur,
Car, enfin, moi ton seigneur,
Si tu veux me reconnaître,
Pour ce que je suis : Ton maître!
En esclave soumis,
A tes caprices j'obéis.

(*Après un moment de silence, en lui saisissant de nouveau les bras.*)

Tu ne dis mot, tu gardes le silence!...
Asssez longtemps j'ai supporté, je pense,
Et tes dédains et ton indifférence!...
De mon amour, serait-ce donc le prix?

ENSEMBLE

LUCETTE

Ah! quel tourment! qui viendra me défendre?
Tout à la fois semble m'abandonner;
Le ciel, hélas! ne veut-il plus m'entendre?
Au désespoir, doit-il me condamner?

SCÈNE XII

Maclou, *la poursuivant toujours.*
Je saurai bien la forcer à se rendre !
De ses façons à quoi bon s'étonner,
Puisqu'en amour on laisse toujours prendre,
Ce que jamais on n'oserait donner ?

François
Ah ! quel tourment ! Dieu sait, pour la défendre,
Si tout mon sang je voudrais le donner !
Que faire ? hélas ! quel parti dois-je prendre ?
A ma fureur, faut-il m'abandonner ?

Lucette, *échappant à Maclou et venant tomber à genoux au milieu du théâtre.*
Toi que j'implore,
Dieu tout-puissant,
Ah ! sois encore,
Compatissant !
A l'innocence,
Prête assistance !
A mon secours,
Accours !

Maclou, *de plus en plus pressant, à part.*
Je saurai bien la forcer à se rendre !...

François, *s'avançant, à part.*
Malheur à moi si j'ose la défendre !...

Lucette, *criant.*
A mon secours !

François, *s'élançant à ses côtés.*
J'accours !...

Maclou, *lâchant Lucette.*
Grand Dieu ! François !...

François, *marchant sur lui.*
Ma mort était certaine...
Exécrable tyran !...

Maclou, *à part, en reculant.*
Quel sinistre dessein ?...

François, *le saisissant à la gorge.*
Monstre, de qui l'orgueil ne connaît plus de frein...

MACLOU, *voulant fuir.*

Lâche-moi !...

FRANÇOIS

Je prétends, digne objet de ma haine,
T'étrangler de ma propre main !...
Oui, la vie
Te sera ravie,
Afin de t'épargner un odieux forfait !...

MACLOU, *suppliant.*

Non !

FRANÇOIS

Meurs !

LUCETTE, *délivrant Maclou qui se sauve par le fond.*
Arrête, hélas ! malheureux ! qu'as-tu fait ?

SCÈNE XIII

FRANÇOIS, LUCETTE. *Ils restent anéantis tous deux pendant quelques instants.*

LUCETTE

Fuyons !

FRANÇOIS

Je n'en ai plus la force !
Ici l'effroi retient mes pas.
A te suivre en vain je m'efforce !

LUCETTE, *cherchant à l'entraîner.*
Le péril affaiblit mon bras !

FRANÇOIS.

Pars, laisse-moi, j'aurai la force
De recevoir de ma main le trépas !

LUCETTE

Non, non, jamais ! j'aurai la force
De partager avec toi le trépas !...

ENSEMBLE, *en se tenant embrassés.*

LUCETTE

Ne crains donc rien, j'aurai la force
De partager avec toi le trépas !

FRANÇOIS
Pars, laisse-moi, j'aurai la force
De recevoir de ma main le trépas!

(*Ils restent altérés en se soutenant l'un l'autre. Tout à coup on entend des cris de : Vive Monseigneur!*)

SCÈNE XIV

Les mêmes, Le DUC, *en toilette de bal, arrive par la gauche, précédé de laquais portant des torches et suivi de paysans et de paysannes chargés de provisions de bouche.*

Lucette, *courant se jeter aux pieds du duc.* Grâce, monseigneur!

Le duc, *surpris, en la relevant.* Grâce!... et pour qui?

Lucette, *montrant François.* Pour un pauvre fou...

Le duc. Un fou? qui ça? François?...

Lucette. Oui, car il a commis ou plutôt a failli commettre un crime... le plus horrible de tous!...

Le duc. Je ne sais ce que tu veux dire.

Lucette. L'auriez-vous déjà oublié?

François, *courant se jeter aux pieds du duc et lui baisant une main.* Tant de générosité!... de clémence!...

SCÈNE XV

Les mêmes, UNE PAYSANNE, *criant du fond du théâtre:*

Au secours! au secours!

Le duc. Qu'y a-t-il donc? voyez un peu! (*plusieurs paysans se dirigent vers le fond.*)

La paysanne, *accourant tout effarée.* Au secours! au secours! notre seigneur est tombé dans l'étang! (*Apercevant le duc*). Tiens, le v'là! Eh bien... et l'autre?

Le duc. Quel autre?

La paysanne, *interdite.* Dame, je ne savons plus, moi!...

SCÈNE XVI

Les mêmes, MACLOU, *arrivant par le fond tout grelottant et soutenu par plusieurs paysans.*

Maclou. Ne me quittez pas! (*Apercevant François.*) Tenez, le voici, l'infâme!

Le duc. A qui en as-tu?

Maclou. Monseigneur, c'est lui, François, qui m'aurait... ou plutôt vous aurait étranglé, si je ne m'étais pas sauvé dans l'étang, où j'ai failli me noyer et où il ne m'a pas suivi, le lâche!

Lucette. Ne le croyez pas, monseigneur : François est innocent de ce dont on l'accuse ; il a seulement voulu châtier un misérable qui, sous un habit d'emprunt, osait attenter à mon honneur.

Le duc. Je comprends!... (*riant aux éclats.*) Ah! ah! ah! ce pauvre Maclou...

Maclou, *furieux*. Ça ne se passera pas ainsi! François a porté la main sur Monseigneur!

Lucette. Tu mens !

Maclou. C'est-à-dire sur... oui, je dis bien, sur monseigneur, car il me prenait pour lui.

Le duc. Eh ! non, puisqu'il t'avait reconnu.

Maclou. Impossible ! Je vous ressemblais trop.

Le duc, *avec fierté*. Oui-dà, tu t'imagines donc qu'il suffit de mettre l'habit des gens pour leur ressembler!

Maclou. Certainement, et quand ce ne serait qu'à cause de votre habit qu'il n'a pas respecté !...

Le duc. L'as-tu respecté davantage, toi, poltron, en l'entraînant dans ta fuite, et en lui faisant prendre un bain qui te sera plus salutaire qu'à lui ? (*A François.*) Ah ! ça, vilain jaloux, je veux mettre fin à tout ceci en te donnant Lucette pour femme.

François, *embarrassé*. Monseigneur, je vous remercie; mais j'ai changé d'avis et ne désire plus me marier.

Lucette, *avec des larmes dans la voix*. Ne le croyez pas, monseigneur, c'est plutôt parce qu'il a des idées... ridicules, depuis que je dois entrer au château.

Le duc. Bah !

Lucette. Oui, je ne sais qui a été lui dire que s'il m'épousait il lui arriverait malheur.

Le duc. Ah ! ah ! mons Maclou !... (*Prenant Maclou par une oreille.*) Je vous reconnais là ! Vous comptiez dégoûter le voisin, afin que la belle vous restât ?

Maclou, *souriant malgré lui*. Dame, pour réussir en amour, tous les moyens sont bons !

Le duc. Il paraît que non, puisque... Mais, tu grelottes... (*Montrant la gauche.*) Va te changer ; d'ailleurs, tu n'as plus rien à faire ici. (*Maclou sort en haussant les épaules.*)

SCÈNE XVII

Les mêmes, *excepté* MACLOU.

Le duc, *à François*. A nous deux ! (*L'attirant sur le devant du théâtre et à voix basse.*) Ton rival a négligé de te mettre au courant de mes intentions ; écoute-moi donc : A la veille d'épouser ma cousine, mademoiselle de Serbonnes, que j'adore, entends-tu ?

François. Oui, monseigneur.

Le duc. J'ai eu l'idée, dans ma prévoyance de futur père de famille, de choisir la plus belle fille du pays et de la marier immédiatement à son amoureux, afin qu'elle puisse servir de nourrice à l'héritier que le ciel m'enverra, je n'en puis douter.

François. Quoi !...

Le duc. C'est alors que je fixai mon choix sur Lucette ; Maclou m'en répondait, et, de plus, s'associait complètement à mes vues...

François, *vivement*. Je m'y associe de même, monseigneur !

Le duc. Vraiment ? c'est heureux ! (*Mettant la main de Lucette dans celle de François.*) Voilà qui est arrangé !

Lucette, *toute joyeuse*. Comment ?...

François. Oui, je t'expliquerai cela plus tard.

Le duc, *aux paysans*. Maintenant, vous autres, en avant les danses et les chants.

(Cris nombreux de : Vive monseigneur !)

FINAL

RONDE ET CHŒUR

A la danse, ma fillette,
Crains-tu pas d'aller seulette ?
A la danse, comme au bois,
Le loup se montre parfois !

ENSEMBLE

LES VIEUX	LES JEUNES
Belle jeunesse	De la jeunesse
Coulez vos jours	Passons les jours
Dans l'allégresse	Dans l'allégresse
Et les amours !	Et les amours !

QUE FAIRE?

COMÉDIE EN TROIS ACTES.

PERSONNAGES

PIERRE MARTIN, colonel en retraite.	65 ans.
JOSEPH DUHAMEL, chirurgien-major en retraite et capitaliste.	60 —
LE VICOMTE EDMOND DE SAUVECŒUR, rentier.	35 —
GUSTAVE MARTIN, architecte.	30 —
Mme MARTIN, sa mère.	50 —
MARIE COQUELET, ouvrière.	25 —
CLARA GIRAUD, ex-ouvrière.	25 —
CATHERINE, bonne.	40 —
UN JOUEUR D'ORGUE.	

(La scène se passe à Paris, vers 1860.)

ACTE I

Le théâtre représente une salle à manger des plus modestes. Porte au fond et portes latérales. Au milieu, une table servie avec trois couverts.

SCÈNE I

Au lever du rideau, MARIE est seule, assise devant la fenêtre située au premier plan, à droite. Elle travaille et reste quelques instants sans parler.

MARIE. Oh! bien certainement, si cela se renouvelle, je ne reviendrai pas dans cette maison! J'en serai fâchée à cause de madame Martin, qui est aimable, douce, et de son mari, ce bon colonel, que j'ai tant de plaisir à voir; mais quant à leur fils, c'est différent!

SCÈNE II

MARIE, GUSTAVE, *paraissant à la porte du fond, un gilet à la main.*

GUSTAVE, *à part, en s'avançant vers Marie qui lui tourne le dos.* J'ai trouvé là, je crois, un excellent prétexte : Si quelqu'un me surprend, j'aurai du moins une contenance, et cette fois, il faudra qu'elle s'explique!... (*Haut.*) Mademoiselle Marie, voici un gilet que je vous prierai de raccommoder.

MARIE, *sans lever les yeux.* Bien, monsieur. (*En montrant la chaise qui est devant elle.*) Posez-le là !

GUSTAVE. Pardon, je...

MARIE. Que dois-je y faire ?

GUSTAVE. D'abord le dos est un peu malade et puis il manque un bouton.

MARIE. L'avez-vous ?

GUSTAVE. Non.

MARIE, *le regardant pour la première fois.* Alors, je ne peux pas le remettre !

GUSTAVE, *lui saisissant une main.* Marie, écoutez-moi !

MARIE, *retirant sa main.* Monsieur, je vous en supplie, éloignez-vous ! (*Se levant.*) Ou je sors !

GUSTAVE. Oh ! non, par pitié, tenez, tenez, je vous obéis ! (*Il s'éloigne de quelques pas. Marie se rassied.*) Dites-moi un mot, un seul !... ai-je un rival ? aimez-vous quelqu'un ?

MARIE, *faisant attendre sa réponse.* En vérité, monsieur, votre conduite est par trop... ridicule !...

GUSTAVE. En quoi, s'il vous plaît ?

MARIE. Comment !... vous oubliez donc ?...

SCÈNE III

LES MÊMES, CATHERINE, *entrant par la droite et apportant un plat de viande froide.*

GUSTAVE, *se rapprochant de Marie et lui montrant son gilet.* On trouve partout de ces boutons-là, n'est-ce pas ? Oui, je me charge de vous en rapporter ce soir. (*Catherine sort par la droite.*)

SCÈNE IV

LES MÊMES, *moins la bonne.*

GUSTAVE, *changeant de ton.* Que vouliez-vous dire ?

MARIE. Simplement que vous allez vous marier.

GUSTAVE. Moi ! Je vous réponds que non : Je laisse dire et faire mes parents ; mais j'agis de mon côté et, pour ne pas venir de moi, le refus n'en sera pas moins complet? Si donc vous êtes libre comme je le suis moi-même...

Marie, *fâchée.* Encore?

SCÈNE V

Les mêmes, CATHERINE, *apportant une cafetière sur un plateau et posant le tout sur la table.*

Gustave, *vivement.* Il vaudrait peut-être mieux le faire arranger par un tailleur?

Marie. Assurément. (*Catherine, après avoir mis trois chaises autour de la table et avoir frappé à la porte de gauche, entre en disant : madame est servie.*)

SCÈNE VI

GUSTAVE, MARIE.

Gustave. Croyez-moi, Marie, quand je vous jure que je vous aime sincèrement. (*Marie se lève et veut s'en aller; Gustave la retient.*)

SCÈNE VII

Les mêmes, Le COLONEL, *arrivant par la gauche, en pantalon à pieds et en robe de chambre ; il est soutenu par sa femme, vêtue de noir, et suivi de* CATHERINE. *Gustave se tient à l'écart, tandis que Marie reste debout, paraissant hésiter sur ce qu'elle doit faire.*

Mme Martin. Viens toujours te mettre à table, mon ami.

Le colonel. Pourquoi faire?

Mme Martin. Tu prendras quelques cuillerées de lait.

Marie, *debout et assez haut.* Bonjour, monsieur!

Le colonel. Ah! bonjour, mademoiselle Marie; asseyez-vous donc, je vous prie! (*Marie se rassied.*)

Mme Martin. Il ne faut pas abuser de la diète!

Le colonel. C'est facile à dire!

Gustave. Bonjour, père! (*Il l'embrasse.*)

Le colonel. Bonjour, mon garçon!

Gustave. Comment te trouves-tu, ce matin?

7.

Le colonel, *avec énergie.* Mal !

Gustave. Où souffres-tu ?

Le colonel, *se frappant la poitrine.* Là, toujours là !

Mme Martin. Catherine, tenez la soupe de monsieur auprès du feu : Nous vous sonnerons quand il la voudra.

Catherine. Oui, madame. Du si bon lait ! ça ne peut pas faire de mal.

Le colonel, *impatienté.* Nous verrons plus tard ! (*Catherine sort.*)

SCÈNE VIII

Les mêmes, *moins* CATHERINE. *Ils sont assis, le père à gauche de la table ; la mère, au milieu ; le fils, à droite.*

Gustave. As-tu dormi un peu cette nuit ?

Le colonel. Oh ! à peine ; du reste, en ce moment, je suis trop préoccupé de notre grande affaire !

Gustave. Qui ne m'inquiète guère, moi, je t'assure.

Le colonel. Tu dis cela parce que tu as peur qu'elle ne réussisse pas !

Gustave, *en riant* Non, ma parole !

Le colonel, *en soupirant.* Duhamel ne peut pas tarder beaucoup à venir. (*Coup de sonnette en dehors.*) On sonne ! C'est lui ! (*Il cherche en vain à se lever.*)

Mme Martin. Calme-toi, mon ami : Catherine va lui ouvrir. Quant à moi, je doute qu'il nous apporte une réponse définitive.

Le colonel. Au contraire ; c'est convenu : Entre nous, il n'y a pas de phrases à se faire.

SCÈNE IX

Les mêmes, EDMOND, *entrant par la droite.*

Gustave. Tiens, c'est Edmond ?

Le colonel. Qui vient savoir des nouvelles...

Edmond, *en donnant une poignée de main à chacun.* De votre santé d'abord, colonel ! bonjour, madame !

Mme Martin. Bonjour, mon cher Edmond !

EDMOND, *à Gustave.* Bonjour, toi!

GUSTAVE. Bonjour!

EDMOND, *s'asseyant auprès du colonel.* Eh! bien, comment allez-vous ce matin?

LE COLONEL. Je l'ignore, mon bon ami : Pour l'instant, tout dépendra de la réponse à ma demande. Croyez-vous qu'elle soit favorable, vous?

EDMOND. Moi? Non! Heureusement pour vous et surtout pour Gustave : Mademoiselle Ledru n'est pas la femme qu'il lui faut.

LE COLONEL. Cependant puisque Gustave aime Antoinette.

GUSTAVE, *en riant.* Mon père s'est fourré cela dans la tête.

LE COLONEL. Oh! écoute... j'en suis sûr, ainsi...

Mme MARTIN. Tu as beau dire, Gustave doit le savoir mieux que personne.

GUSTAVE. Évidemment. (*En montrant du regard Marie à Edmond.*) Edmond me comprend, lui! Il connaît mes goûts, mes idées.

EDMOND. Que je n'approuve pas toujours!

Mme MARTIN. C'est vous, mon cher Edmond, qui devriez lui donner l'exemple! vous remplissez toutes les conditions et feriez un excellent mari.

EDMOND. J'en doute.

Mme MARTIN. Vous avez un âge raisonnable.

EDMOND. Trop raisonnable peut-être.

Mme MARTIN. De la fortune.

EDMOND. Pas assez par le temps qui court!

Mme MARTIN. De plus, un beau nom.

EDMOND. Que je ne veux pas vendre!

LE COLONEL. Et un titre dignement porté par toi, comme il l'était jadis par ton brave père, l'homme le plus noble, c'est-à-dire le plus estimable que j'aie jamais connu!

EDMOND. Il me disait la même chose de vous!

LE COLONEL. Il ne te disait pas le plus noble toujours!

EDMOND. Pardon, puisqu'il me répétait souvent : Pierre Martin, c'est l'honneur même! Du reste, tout le monde au régiment ne vous appelait-il pas : Martin, dit l'honneur?

LE COLONEL. Oui, pauvre colonel! ce fut lui qui me donna ce surnom pour me distinguer de l'autre, car il y avait deux Martin au régiment, comme à la foire. (*Changeant de ton tout à coup.*) Enfin! le voici! j'entends la voix de Duhamel!

SCÈNE X

LES MÊMES, DUHAMEL. *Il entre par la droite sans rien dire et vient s'asseoir de l'autre côté du colonel; puis, en apercevant Edmond, il se lève et lui dit avec une certaine affectation:*

Monsieur le vicomte, je vous présente mes civilités.

EDMOND, *se levant et de même.* Je vous salue bien, monsieur.

LE COLONEL, *avec impatience.* Parle, voyons, qu'est-ce qu'il y a?

DUHAMEL. Tu ne le vois pas à ma mine? C'est pourtant assez clair!

LE COLONEL. Mais enfin?...

DUHAMEL, *baissant la voix et montrant Marie.* Impossible devant elle!

LE COLONEL. Va donc! Va donc!

GUSTAVE. Ça ne fait rien!... (*A part.*) Au contraire.

DUHAMEL. Eh! bien, Ledru a d'autres idées.

LE COLONEL. Ah!

DUHAMEL. Il est, du reste, on ne peut plus flatté...

LE COLONEL. Naturellement.

DUHAMEL. Gustave est un bon et charmant garçon; tu es l'homme le plus estimable de la terre.

LE COLONEL. Toujours!

DUHAMEL. Madame Martin est une sainte et digne femme.

LE COLONEL. Oui. Bref, il ne veut pas de nous. L'ingrat! Il oublie que c'est à moi peut-être qu'il doit l'origine de sa fortune. Quelle pitié! Il préfère voir sa fille malheureuse, n'est-ce pas?

GUSTAVE, *en riant.* Mais je te répète, mon père, que

tu te trompes : Antoinette ne m'aime pas, de la façon que tu crois, du moins.

Le colonel. Si vraiment : Elle-même me l'a donné à entendre.

Gustave, *riant aux éclats.* Allons, bon! tu t'imagines que toutes les jeunes filles de notre connaissance m'adorent et seraient trop heureuses de m'épouser. Quelle erreur! Si j'ai cédé à ton désir de faire cette demande, c'est que j'étais bien sûr que M. Ledru ne m'accepterait pas pour gendre.

Le colonel, *à Duhamel.* Lui as-tu dit que Gustave avait gagné l'an dernier, comme architecte, plus de dix-sept mille francs?

Duhamel. Oui.

Le colonel. C'est pourtant joli, ça! Je n'en ai jamais eu autant, moi, même en comptant ma croix de commandeur!

Duhamel. Ah! dame, ce n'est pas dans l'état militaire qu'on s'enrichit. Aussi, dès que j'ai pu déposer ma trousse de chirurgien-major et rentrer dans le civil, je l'ai fait avec enthousiasme.

Le colonel. Tu trouves plus avantageux de passer ta vie à la Bourse?

Duhamel. Certainement, et sous tous les rapports encore; tu ne comprendras jamais ça, toi, mon pauvre vieux!

Le colonel. Vraiment? Tu me crois donc bien bête?

Duhamel. En affaires? oui.

Le colonel, *en soupirant.* Tu as peut-être raison.

SCÈNE XI

Les mêmes, CATHERINE, *apportant une assiettée de soupe.*

Catherine, *avec autorité.* Tenez, monsieur!

Le colonel. Encore cette maudite soupe!

Catherine. Mangez-moi ça! vous m'en direz des nouvelles.

Le colonel, *cédant.* Allons!...

CATHERINE. Mademoiselle Marie, si vous voulez venir déjeuner?...

MARIE. Bien, madame. (*Elle se lève et sort avec Catherine.*)

SCÈNE XII

Les mêmes, *moins* MARIE *et* CATHERINE.

DUHAMEL, *lorgnant*. Peste! La belle fille!

Mme MARTIN. Et surtout quelle honnête personne, si vous saviez!

DUHAMEL, *en haussant les épaules*. Dire qu'elle travaille nuit et jour peut-être pour gagner des misères, quand il lui serait si facile de...

LE COLONEL. Tu ne comprends pas cela, toi, hein?

DUHAMEL. Si; seulement j'en suis toujours étonné, je l'avoue.

LE COLONEL. Mauvais sujet, va!

DUHAMEL, *en secouant la tête*. Oh! maintenant, tu me flattes!

LE COLONEL, *après avoir mangé quelques cuillerées*. Non, décidément, j'en suis fâché pour Catherine, mais je ne peux pas manger sa soupe.

Mme MARTIN. Eh bien! laisse-la, mon Dieu! (*Se levant.*) Quant à moi, messieurs, je vous demande la permission de vous quitter, car je suis à la minute.

GUSTAVE. Tu vas à ce bout de l'an?

Mme MARTIN. C'est bien le moins qu'il y ait quelqu'un de la famille.

LE COLONEL. Va, va, ma bonne! et prie le ciel pour nous!

Mme MARTIN. Oh! je n'y manque jamais, mon ami. (*Elle met son chapeau, puis un mantelet, qui étaient sur une chaise, et sort.*)

SCÈNE XIII

Les mêmes, *moins* Mme MARTIN. *Edmond et Gustave, à droite du théâtre; le colonel et Duhamel à gauche; tous quatre causant bas.*

EDMOND. Prends garde, mon cher : Les liaisons,

comme celle que tu rêves, ont presque toujours de funestes conséquences.

Gustave. Lesquelles?

Edmond. D'abord, la responsabilité d'une séduction!

Gustave. Ce mot seul me déciderait!

Edmond. Séduction qui amène souvent une chaîne qu'on ne peut plus briser honorablement surtout quand il y a des enfants.

Gustave. Sois tranquille, va, je suis plus prudent que tu ne crois!

Edmond. Et comme, selon moi, il ne faut jamais sacrifier l'avenir au présent...

Gustave. D'accord; mais... *(Ils continuent à causer bas.)*

Duhamel, *haut*. Pourquoi n'en essayerais-tu pas?... *(En faisant des signes d'intelligence au colonel.)* Hein?

Le colonel. De quoi?

Duhamel. D'un remède nouveau qu'on me recommandait hier!

Le colonel. Laisse-moi tranquille avec tes remèdes!

Duhamel, *lui faisant toujours des signes en montrant les deux jeunes gens*. En voici l'ordonnance. *(Il tire son calepin et en déchire une feuille sur laquelle il écrit quelques mots au crayon.)*

Le colonel, *comprenant enfin*. Ah! bon! j'y suis: Je ne demande pas mieux.

Duhamel. Tiens, Gustave!

Gustave. Mon parrain?

Duhamel. Tu vas aller toi-même chez le pharmacien d'à côté faire préparer ceci, que tu nous rapporteras le plus tôt possible.

Gustave, *tirant de sa poche une casquette*. J'y cours! *(A Edmond.)* Viens-tu avec moi?

Edmond. Volontiers. Colonel, je vous reverrai demain. Espérons qu'il y aura amélioration dans votre état!

Le colonel, *lui serrant la main*. Je l'espère, mon bon ami! *(A part.)* Quoique: « Belle Philis, on désespère. — Alors qu'on espère toujours! »

EDMOND, *à Duhamel.* Monsieur, je vous présente mes civilités!

DUHAMEL. Monsieur le vicomte, je vous salue bien! (*Gustave et Edmond sortent par la droite.*)

SCÈNE XIV
LE COLONEL, DUHAMEL,

DUHAMEL. Enfin, nous voici seuls, mon vieux camarade, et nous pouvons causer librement!

LE COLONEL. Eh bien, parle!

DUHAMEL. Qu'est-ce que tu dis de la campagne que nous venons de faire?

LE COLONEL. Je dis que je suis cruellement puni de ma sottise, et regrette vivement de t'avoir chargé d'une ambassade aussi peu agréable qu'une demande en mariage, à laquelle on répond par un refus.

DUHAMEL. Oh! je n'y mets pas le moindre amour-propre.

LE COLONEL. J'avais pensé qu'en ta qualité de vieil ami des deux familles, tu pourrais, mieux que personne, sonder le terrain. D'ailleurs, je l'avoue, j'étais plein d'illusions; je m'attendais à une autre réponse.

DUHAMEL. Pierre, tiens-tu beaucoup à ce mariage?

LE COLONEL. Beaucoup. Pas tant pour moi que pour Gustave, qui me paraît amoureux d'Antoinette.

DUHAMEL. Vraiment?

LE COLONEL. Et puis, dame, dans l'état de santé où je me trouve... car, vois-tu bien, je n'ai peut-être pas un mois à vivre!

DUHAMEL. Allons donc!

LE COLONEL. J'étouffe toujours ainsi.

DUHAMEL. Je t'assure que c'est nerveux.

LE COLONEL. Bref, j'avais rêvé de voir, avant de mourir, mon enfant marié, heureux. Tu juges quelle sécurité ce serait pour moi, pour ma femme!

DUHAMEL. Alors, écoute-moi : Qui veut la fin veut les moyens!

LE COLONEL. Sans doute.

DUHAMEL. Eh bien donc, sache d'abord que ton nom,

ACTE I, SCÈNE XIV

tout honorable qu'il est, n'a rien de bien distingué.

Le colonel. Serait-ce là l'obstacle ?

Duhamel. Non ; mais ensuite, tu es pauvre, et, pour une fille unique ayant deux cent mille francs de dot et des espérances magnifiques, c'est peu qu'un architecte, même par le temps qui court ! Je t'avoue donc que le principal motif, c'est ton manque de fortune.

Le colonel. Hélas ! Je me le reproche assez, maintenant surtout qu'il est trop tard pour y remédier ! Quand je pense qu'à une certaine époque, j'aurais peut-être pu faire comme tant d'autres !

Duhamel. Tu te trompes, mon cher, ta nature s'y opposait.

Le colonel. Pourquoi cela ?

Duhamel. Ne faut-il pas que les destinées s'accomplissent ? Or, la tienne était de nous donner l'exemple de toutes les vertus, de tous les courages, de tous les sacrifices; exemple que, pour ma part, je me suis bien gardé de suivre !

Le colonel. Pas si nigaud ! hein ?

Duhamel, *riant, sans répondre*. Maintenant, si tu veux me permettre de faire à Ledru une nouvelle proposition de ma façon, sa réponse sera probablement différente.

Le colonel. Que lui dirais-tu ?

Duhamel. Ces simples paroles : « Gustave Martin ne doit presque rien attendre de ses parents, mais il a un parrain sans famille, possédant près de vingt-cinq mille livres de rentes, que celui-ci laisse par testament à son filleul, et auquel, en cas de mariage, il constitue immédiatement une dot de cent mille francs. »

Le colonel, *très ému*. Est-ce vrai, Joseph?

Duhamel. Parfaitement.

Le colonel, *le serrant sur son cœur et avec des larmes dans la voix*. Ah! mon bon Joseph, pardonne-moi les paroles blessantes que j'ai pu t'adresser jadis!

Duhamel. Tu m'a bien pardonné toi-même ma conduite odieuse.....

Le colonel. Envers...

Duhamel. Je ne sais vraiment pas où j'avais la tête!

Chercher à séduire une femme... comme la tienne; et surtout celle d'un ami, comme toi!

Le colonel. Ne parlons plus jamais de tout cela! c'est de l'histoire ancienne, bien ancienne. Au reste, tu dois avoir pas mal de peccadilles de ce genre sur la conscience!

Duhamel. Que veux-tu? dans ma jeunesse, le beau sexe me rendait fou.

Le colonel. Eh! mais, j'y songe, ce que tu veux faire pour mon fils, je ne l'accepte pas, car tu as au moins un enfant?

Duhamel. Non, je t'assure.

Le colonel. Bah! Et celui de cette jeune couturière de Nîmes, à qui tu avais promis le mariage?

Duhamel. L'Arlésienne! était-elle jolie! hein? Quels yeux! Quelle taille! je crois vraiment que je n'ai jamais rien vu de pareil!

Le colonel. Et une innocence, une candeur! Pauvre fille! qu'est-elle devenue avec son enfant?

Duhamel, *embarrassé*. Mon Dieu, j'étais obligé de partir pour l'Afrique où, ne voulant pas qu'elle me suivît...

Le colonel. En somme, tu l'abandonnas?

Duhamel. Non, puisque je m'étais engagé à reconnaître l'enfant, si c'était un garçon.

Le colonel. Pourquoi cette condition?

Duhamel. Oh! parce que j'avais horreur des filles.

Le colonel. Quelle absurdité! Ah! Tu n'as pas bien agi avec cette maîtresse-là!... Je le soupçonnais, aussi, j'ai toujours évité de t'en reparler.

Duhamel. Que veux-tu, mon cher, elle avait un maudit caractère...

Le colonel. C'est possible; néanmoins...

Duhamel. Nous nous étions quittés brouillés; c'était à qui ne reviendrait pas le premier. Un beau jour, en Afrique, je reçus d'elle un billet m'annonçant qu'elle était accouchée d'un garçon mort presque en naissant. Alors, ma foi! bonsoir!

Le colonel. Tu en as bien vite pris ton parti, toi?

Duhamel. A ce moment-là oui; maintenant je le regrette.

Le colonel. Je le comprends.

Duhamel. Ça m'amuserait d'avoir à gouverner un grand garçon...

Le colonel. Et la pauvre mère, qu'est-elle devenue?

Duhamel. Je l'ignore. Quelques années après, à Nîmes, on me dit qu'elle avait quitté le pays et s'était retirée à Lyon où, plus tard, je pris moi-même des informations, car je l'aimais au fond.

Le colonel, *ironiquement*. Je n'en doute pas!

Duhamel. Il me fut impossible de retrouver sa trace.

Le colonel. Ah!

Duhamel. Ainsi, tu vois, mon cher, que tu peux sans scrupule, me laisser nommer ton fils mon héritier.

Le colonel. C'est différent; alors j'accepte et je t'en remercie pour lui du fond du cœur. Cependant, attendons, avant de renouveler nos démarches auprès de Ledru, que j'aie causé avec Gustave; je l'entends qui rentre, laisse-nous seuls; je te dirai ce soir ce que nous trouverons digne et convenable de faire.

Duhamel. Soit!

SCÈNE XV

Les mêmes, GUSTAVE.

Gustave, *remettant un petit paquet à Duhamel*. Voilà, parrain!

Duhamel. Bon! (*Au colonel*.) Tiens, tu avaleras toutes les deux heures une de ces petites pilules.

Le colonel, *en riant*. Tu es sûr qu'elles ne me feront pas de mal?...

Duhamel. Mauvais plaisant! Sur ce, mes enfants, je me sauve : Voici l'heure de la Bourse et je n'ai garde d'y manquer. Il est si agréable de gagner de l'argent en causant avec des gens d'esprit et en fumant de bons cigares! A propos, je viendrais dîner avec vous aujourd'hui.

Gustave. Bravo!

Le colonel. Tu nous feras plaisir.
Duhamel. A tantôt!... (*Il sort par la droite.*)

SCÈNE XVI

Le COLONEL, GUSTAVE.

Gustave. Père, tu es autant dire à jeun, si tu prenais tout de suite une de ces pilules?
Le colonel. Non, plus tard. Tiens, (*en lui saisissant une main.*) assieds-toi là et causons!
Gustave. Volontiers, pourvu que ce ne soit pas de ce mariage!
Le colonel. Au contraire; mais j'ai une bonne nouvelle à t'annoncer!...
Gustave. Laquelle?
Le colonel. Ah! par exemple, tu devras ton bonheur à un autre que moi, car, mon cher enfant, le moment est solennel, et j'éprouve le besoin de te confesser combien je me reproche ma conduite envers ta mère et toi!
Gustave. Comment?
Le colonel. Tout homme, qui a une famille dont il ne s'efforce pas d'augmenter le bien-être, est un égoïste.
Gustave. Quel rapport?... (*A part.*) Mon Dieu! est-ce que sa tête déménagerait?
Le colonel. Hélas! c'est l'orgueil, toujours l'orgueil qui m'a perdu : Tandis que mes camarades soignaient leur avancement, leurs intérêts et ceux de leur famille, moi, au contraire, j'affichais un désintéressement absolu. Aussi, on chantait mes louanges; on m'admirait; un mot, un compliment me payait de tous les sacrifices.
Gustave. Et de quels sacrifices veux-tu donc parler? N'as-tu pas eu une belle et glorieuse carrière?
Le colonel. Oui, ce qui n'empêche que, quand je veux te marier à la fille d'un vieux camarade qui, plus malin que moi, a su s'enrichir, on nous refuse, on nous méprise.
Gustave. Eh! tant mieux.

Le colonel. Il y a quelques années encore, Duhamel s'était fourré dans la tête de me faire nommer administrateur d'une société industrielle dont il s'occupait. Je n'avais qu'à laisser inscrire mon nom à côté de ceux d'un duc, d'un comte et de plusieurs gros richards de l'époque. Eh bien! je n'ai pas pu m'y résoudre : Il me semblait que, moi qui ne suis pas homme d'affaires, j'allais vendre mon honneur, et Dieu sait à quel prix!

Gustave. Tu as joliment bien fait!

Le colonel. Non, car j'aurais peut-être gagné des centaines de mille francs que je vous aurais laissés!

Gustave. Fi donc!

Le colonel. Au lieu de cela, que vous restera-t-il après moi? à toi; rien; et à ta mère, sa pauvre petite pension de veuve.

Gustave. Mais, cher père, ne m'as-tu pas élevé? Ne m'as-tu pas donné un état? une profession lucrative? Est-ce que mon plus grand bonheur ne serait pas de subvenir seul et par mon travail à tous vos besoins?

Le colonel, *l'embrassant.* Oh! tiens, tu es un trop brave garçon, toi!

SCÈNE XVII

Les mêmes, MARIE, *venant se remettre au travail.*

Gustave, *bas.* Silence, père!

Le colonel, *n'écoutant rien et tournant le dos à Marie.* Heureusement, Gustave, qu'un ami généreux s'offre à réparer mes torts! Dis un mot et notre bon Duhamel, ton parrain, se charge, au moyen d'un sacrifice d'argent considérable en ta faveur, de t'obtenir la main d'Antoinette.

Gustave. Non pas! Je m'y oppose formellement, et j'en ai le droit maintenant!

Le colonel. Prends garde! tu es trop fier aussi, toi! Tu vas bouder contre ton cœur!

Gustave. Nullement, cher bon père; mais crois-moi donc quand je te jure que je n'aime pas Antoinette!

Le colonel. Qui aimes-tu alors ? car tu aimes quelqu'un, j'en suis sûr!

Gustave, *avec intention et en regardant Marie.* Moi? comment le sais-tu?

Le colonel. Il y a quelques jours, ou plutôt quelques nuits, — je ne dormais pas, selon ma louable habitude, — je t'entendis parler, crier même. Dans la crainte que tu ne fusses malade, j'entrai sans bruit dans ta chambre : Tu dormais d'un sommeil agité et tu fis devant moi une sorte de déclaration d'amour des plus passionnées.

Marie, *à part.* Grand Dieu!

Gustave. A qui donc?

Le colonel. Je l'ignore; tu ne nommas personne.

Gustave. Je suis bien trop discret pour cela!

Le colonel. A qui t'adressais-tu, voyons?

Gustave, *en riant.* Impossible de le dire : c'est un secret; d'ailleurs, je n'ai pas le temps, il faut que je coure à mes affaires!

Le colonel, *voulant le retenir.* Gustave, je t'en prie!...

Gustave, *se sauvant par le fond.* Non, non! je suis déjà en retard; à ce soir!...

Le colonel, *à part, en rentrant dans sa chambre, à gauche.* Oh! je finirai bien par le savoir!... (*Portant la main à sa poitrine.*) Dieu! que je souffre!...

SCÈNE XVIII

MARIE, seule.

Je commence à croire qu'il disait vrai !.. n'importe ! raison de plus pour ne pas revenir ici ! Je prétexterai une indisposition et mon absence se prolongera indéfiniment. (*Tout à coup le colonel se met à pousser des cris étouffés en dehors de la scène.*) O ciel! (*Se levant*) le colonel se trouverait-il plus mal? (*Nouveaux cris.*) Si j'appelais Catherine... (*Courant à droite et entr'ouvrant la porte.*) Madame Catherine!.. madame Catherine!... (*Nouveaux cris.*) Elle ne répond pas! Au secours !... au secours !... Ah !... (*Elle se précipite dans la chambre à gauche.*)

SCÈNE XIX

MARIE, *en dehors*; GUSTAVE, *arrivant par le fond, son chapeau sur la tête et un grand portefeuille sous le bras.*

GUSTAVE. Tiens, où est donc Marie ? J'ai cru entendre sa voix !

MARIE, *de la chambre à gauche et criant faiblement.* Au secours !...

GUSTAVE, *effrayé.* Elle est chez mon père ! Que s'y passe-t-il donc ? (*Il s'élance vers la porte.*)

MARIE, *pâle et troublée, lui en interceptant le passage.* Vous ne pouvez pas entrer !...

GUSTAVE. Pourquoi cela? Je veux voir mon père !...

MARIE. Il n'est plus là !

GUSTAVE. Comment?

MARIE. Restez ici, de grâce!

GUSTAVE. Mais... je veux voir mon père !...

MARIE, *l'empêchant toujours d'entrer.* C'est impossible !...

GUSTAVE. Pourquoi donc?

MARIE, *au moment où elle n'a plus la force de le retenir.* Parce que... vous n'avez plus de père!

GUSTAVE. Ah! (*Il tombe évanoui dans les bras de Marie. Celle-ci l'étend par terre et lui porte secours pendant que le rideau tombe.*)

FIN DU PREMIER ACTE.

ACTE II

Le théâtre représente une chambre à coucher élégante. Lit de milieu dans le fond, avec rideaux et baldaquin, entre deux portes recouvertes chacune d'une portière. Fenêtre à gauche; cheminée à droite.

SCÈNE I

MARIE, *dans une mise soignée quoique simple, entre par la gauche, précédant* CLARA *qui, elle, porte une véritable toilette de femme galante.*

MARIE, *déposant une lampe allumée sur un guéridon.* Là, maintenant que tu connais la cuisine, l'antichambre et la salle à manger, je vais te montrer le salon, dont nous avons fait notre chambre à coucher. Hein ! J'espère qu'elle est grande et belle !

CLARA. Oui. (*En riant.*) Mais quel logement... cocasse !

MARIE. En quoi ?

CLARA. Il n'avait donc pas de chambre à coucher ?

MARIE. Pardon, seulement elle nous a paru si triste que nous en avons fait un magnifique cabinet de toilette. (*Ouvrant la porte du fond à droite.*) Tiens, vois-tu ? elle communique avec l'antichambre, ce qui est très commode, surtout quand on veut sortir sans traverser la salle à manger.

CLARA. Certainement. (*A part*). Tiens, tiens, tiens! est-ce qu'elle serait moins niaise que je ne le pensais ?

MARIE. Assieds-toi donc !

CLARA. Eh bien, ma chère, tu es... commodément logée.

MARIE. N'est-ce pas ?

CLARA. Par exemple, quand tu viendras me voir, je te montrerai ce qui s'appelle un appartement complet et un mobilier... un peu chic, je m'en vante! malheureusement, il n'est pas encore payé.

MARIE. Il n'est pas payé ?

CLARA. Oh! ça ne m'inquiète guère, va ! (*Changeant de ton.*) Cette pauvre Marie ! Du diable si je m'attendais

ACTE I, SCÈNE I

à te rencontrer ! Y a-t-il longtemps que nous ne nous sommes vues !

Marie. Je crois bien ! Te souviens-tu de notre maison de confection de la rue...

Clara, *l'interrompant.* Dieu ! ma chère, quelle baraque ! Quand je songe au travail insensé dont on nous accablait le jour et souvent la nuit ! Quelle différence avec la vie que je mène actuellement !

Marie. Ah ?

Clara. C'est-à-dire que je passe bien au moins autant de nuits, mais c'est à rigoler. Du reste, tu te souviens que déjà, à cette époque.

Marie. Tu avais des dispositions...

Clara. Assez folichonnes, je m'en vante ! Toi, au contraire, tu étais passablement bégueule !...

Marie. Hélas ! je suis bien changée !

Clara. Je t'en fais mon sincère compliment, ma chère, mais comment ton intelligence s'est-elle ouverte à la civilisation moderne ?

Marie, *après un moment d'hésitation.* Mon Dieu, tu sais que j'avais, par bégueulerie, comme tu dis, renoncé aux ateliers et aux maisons de confection ?

Clara. Oui.

Marie. Je m'étais décidée à ne plus travailler que dans ma chambre ou à aller en journée chez des personnes respectables, parmi lesquelles se trouvait la femme d'un colonel en retraite. Ma mère avait connu ce dernier en province, alors qu'il n'était que capitaine, et me l'avait toujours cité comme la crème des honnêtes gens. Quand sa femme me fit proposer d'aller en journée chez elle, j'acceptai avec empressement. Bien que je ne leur eusse jamais parlé de ma mère... pour diverses raisons, il me sembla bientôt que j'étais un peu de la famille, tant on m'y entourait d'égards. Malheureusement, ou plutôt non, heureusement, le fils de la maison, jeune homme d'une trentaine d'années et architecte de beaucoup de talent...

Clara. Je devine : Devint épris de tes faibles attraits ?

Marie. Justement, et je me promettais déjà de ne plus remettre les pieds dans la maison, lorsque le pauvre colonel mourut subitement dans mes bras. J'y devins alors indispensable pendant quelque temps.

Clara. Te plaisait-il au moins, ce jeune homme?

Marie. Jusque-là non; mais le jour de l'enterrement, devant cette foule d'amis manifestant tout haut leur culte pour le défunt, lorsque j'aperçus son fils, nu-tête, le visage blême, les yeux rouges et gonflés, tantôt calme, tantôt suffoqué par les sanglots, puis soutenu, entouré et se traînant avec peine derrière le char funèbre, il se fit en moi une révolution complète : Je sentis mon cœur se fondre tout à fait et, à travers mes larmes qui coulaient abondamment, je ne vis plus en lui qu'un être bon, parfait, dont je devins tout à coup une espèce de servante, d'esclave!...

Clara. C'était l'amour, ma chère!

Marie. Je le sais bien, car les rôles changèrent aussitôt : Autant il se montrait désormais réservé avec moi, autant je me sentais chaque jour plus occupée de lui, plus absorbée par son image. Un soir, nous étant croisés dans un couloir sombre et étroit de l'appartement, je fis un mouvement de surprise plutôt que d'effroi : « Oh! rassurez-vous, mademoiselle Marie, murmura-t-il alors d'une voix émue, vous avez reçu le dernier soupir de mon père; je ne l'oublierai jamais! »

Clara. Oui, joliment.

Marie. Que te dirai-je? A partir de ce moment, tout conspira pour amener ma perte qui fut bien volontaire, car les avances vinrent exclusivement de moi. Depuis deux ans, je ne vois plus que par les yeux de Gustave. Bref, je crois rêver et, sans m'inquiéter de ce que mon bonheur durera, je tremble à la seule pensée qu'il aurait pu ne pas exister. Toutes les expiations, je les attends avec courage, en me disant qu'elles ne seront jamais capables de me faire regretter ma faute.

Clara. Oh! ma chère, quelle passion! je n'ai jamais rien vu de pareil!

Marie. A ton tour, raconte-moi ton histoire qui doit être à peu près la mienne!

Clara. Non, pas précisément.

MARIE. Cependant, fort jeune, tu paraissais disposée à tout sacrifier au plaisir?...

CLARA. C'est bien aussi ce que j'ai fait; mais je te conterai mes aventures un autre jour, chez moi : Ce serait trop long!

MARIE. Comme tu voudras.

CLARA. Tu attends donc ton jeune homme?

MARIE. Oui; il va venir après son dîner, et comme la rue Fontaine est tout près de la rue de Navarin; où demeure sa mère, il ne tardera pas à arriver. Du reste, c'est très commode : Gustave a un ami intime qui habite cette maison-ci et auquel il a toujours l'air de rendre visite.

CLARA. Comment s'appelle-t-il, cet ami ? Je parie que je le connais !

MARIE. Il s'appelle le vicomte de Sauvecœur.

CLARA, *après avoir cherché dans ses souvenirs.* Non.

MARIE. Bien entendu, madame Martin n'a plus entendu parler de moi ! Pauvre femme ! s'est-elle trompée sur mon compte ! Hein ? si elle soupçonnait la vérité !...

CLARA. Oh ! elle doit bien penser que son fils a au moins une maîtresse.

MARIE. Mais elle ne se doute pas que c'est moi !...

CLARA. Toi ou une autre, qu'importe ? Et, es-tu sûre que M. Gustave ne te manquera pas de parole ?

MARIE. Très sûre : c'est aujourd'hui mon anniversaire de naissance.

CLARA. Ah !

MARIE. Et de plus, la fête des rois; or, nous devons manger ensemble une galette en prenant du thé.

CLARA. Tous deux seuls ?

MARIE. Tous deux seuls.

CLARA. Vous êtes certains alors d'être, toi, la reine, et lui, le roi.

MARIE, *en riant.* C'est probable.

CLARA, *à part.* Sont-ils jeunes !

MARIE, *se levant.* Je l'entends qui entre avec sa clef.

CLARA. Je me sauve, ma chère !

MARIE. Non pas, reste, je t'en prie; tu vas faire sa connaissance. (*Elle sort.*)

SCÈNE II
CLARA, *seule.*

Au fait, je suis curieuse de le voir, ce bel oiseau. (*Prêtant l'oreille.*) On cause bas... on s'embrasse, naturellement, un jour de fête ! Allons, allons, c'est l'enfance de l'art !

SCÈNE III
CLARA, MARIE, *puis* GUSTAVE *qui entre en saluant Clara.*

MARIE. Gustave, permets-moi de te présenter une de mes anciennes amies, mademoiselle...

CLARA, *vivement.* Madame !

MARIE. Ah ! pardon ! madame Clara Giraud ! (*A Gustave.*) Nous nous sommes rencontrées tout à l'heure par le plus grand des hasards.

CLARA. Pas si grand, puisque nous habitons le même quartier !

MARIE. C'est vrai; mais j'y pense, en ta qualité d'amie et de voisine, tu peux bien rester à prendre une tasse de thé avec nous ?

GUSTAVE. Vous nous feriez plaisir, madame.

CLARA. Volontiers. Tu ne crains donc pas que j'aspire à la royauté ?

MARIE. Non certes.

GUSTAVE. Tiens, j'ai envie de voir si le philosophe Edmond est chez lui; il viendrait également me disputer ma couronne.

MARIE. Soit ! partie carrée.

GUSTAVE, *il frappe avec une bûche sur le parquet. Quelques instants après, on répond par plusieurs coups.* Il y est ! je vais l'inviter maintenant ! (*Il frappe de nouveau.*) Une, deux, trois ; là, il se fait beau et va monter dans une minute.

MARIE. Ah ! mon Dieu ! nous n'avons que trois tasses !

CLARA. Veux-tu en envoyer chercher une chez moi?

MARIE. Impossible : la femme de ménage n'est plus ici. Oh! je me servirai de la tasse de Gustave!

GUSTAVE. Et tu te vengeras sur la galette.

MARIE. Mais pas trop, car elle est toute petite : je pensais que nous ne serions que nous deux!

CLARA. Ne t'inquiète pas, ma chère; quand il y a pour deux, il y a pour quatre.

GUSTAVE. Si j'allais vous en acheter une autre?

CLARA. Non, vrai, monsieur, ça n'en vaut pas la peine!

GUSTAVE. On frappe! Je vais ouvrir à Edmond! (*Il sort.*)

SCÈNE IV
MARIE, CLARA.

CLARA. Il est très bien, ma chère; je te fais mon compliment.

MARIE. Tu ne le connais pas, va! Quelle amabilité, quelle bonté pour moi!

CLARA. Tu es bien heureuse?

MARIE. Oh! oui.

SCÈNE V
LES MÊMES, GUSTAVE, EDMOND.

EDMOND, *donnant une poignée de main à Marie.* Bonsoir, Marie!

MARIE. Bonsoir, monsieur Edmond! Je vous présente mon amie, mademoiselle... (*Se reprenant aussitôt.*) Madame Clara Giraud!

EDMOND. Madame, j'ai bien l'honneur...

CLARA, *s'inclinant.* Monsieur...(*Bas à Marie.*) Est-ce qu'il est marié?

MARIE. Non.

CLARA, *bas.* Pas du tout, du tout?

MARIE. Ah! je ne comprenais pas!... Non, non!...

CLARA. Bon!...

GUSTAVE, *tirant de sa poche un petit paquet.* Ma chère Marie, je ne t'ai pas encore offert mon modeste cadeau...

MARIE. Comment?

GUSTAVE. Le voici?

MARIE. Qu'est-ce qu'il peut bien y avoir dans cette boîte? Oh! le magnifique bracelet!

CLARA. Voyons!

MARIE. Tiens, regarde! Quelle folie! mon pauvre Gustave, songe donc que tu viens de te ruiner pour moi à propos du jour de l'an!

GUSTAVE. Nullement, je t'assure. Mes affaires marchent à merveille.

EDMOND. Vraiment?

GUSTAVE. Mon cher, j'ai imaginé un modèle de maisonnette bourgeoise assez économique, très confortable, que je construis à forfait, et, ma foi, tout le monde en demande.

EDMOND. Bravo!

MARIE. Oh! tant pis! il faut que je t'embrasse encore! (*Elle lui saute au cou. A Clara.*) Quel joli bracelet!... hein? Comme il est de bon goût!...

CLARA, *d'un air vexé.* Charmant, et surtout (*le soupesant*) fort lourd.

MARIE, *désolée.* Oh! certainement. (*Elles causent bas.*)

EDMOND, *à Gustave.* Comment va ta mère?

GUSTAVE. Bien doucement; aussi, le médecin lu conseille, ainsi que mon parrain, d'aller l'été prochain faire une saison aux Pyrénées, où je la conduirai probablement.

MARIE. Tu auras raison! Pauvre femme! Sa vue me manque quelquefois : Elle a toujours été si excellente pour moi! Mais tu ne resteras pas trop longtemps absent?

GUSTAVE. Non; seulement, j'irai aussi la rechercher.

MARIE. A la bonne heure! (*On entend un joueur d'orgue passer sous la fenêtre en jouant une valse et en criant : Lanterne magique!*)

GUSTAVE. Ah! ça, tâchons de nous amuser!

CLARA. Moi d'abord, je fais tout ce qu'on veut!

EDMOND. Peut-on vous offrir un cigare?

CLARA, *l'acceptant et l'allumant.* Tout de même!

MARIE. Oh! Tu vas te rendre malade.
CLARA. Bah! Laisse donc! ça me connaît!
GUSTAVE, *à part, en échangeant un regard avec Edmond.* Peste!
EDMOND, *à part.* Quelle gaillarde!
GUSTAVE, *à Marie.* Si nous donnions un bal?
MARIE. Un bal!
GUSTAVE. Nous ferions monter ce joueur d'orgue qui passe.
MARIE. Il nous montrerait aussi sa lanterne magique?
CLARA. Si tu veux.
MARIE. Croirais-tu que je ne l'ai jamais vue?
CLARA. Ce n'est pas comme moi! Dieu! Moncheu le choleil m'a-t-il embêté! (*A Edmond.*) As-tu vu la lune, mon gars?
EDMOND, *d'un air goguenard.* Oui, belle dame!
MARIE. J'ai toujours été trop jeune ou trop âgée pour qu'on me donnât ce plaisir!
CLARA. Ah bien, les miens de parents n'ont pas fait cette économie-là sur mon éducation!
EDMOND. Ils en ont peut-être fait d'autres!
CLARA, *sans comprendre.* C'est possible.
GUSTAVE. Tenez, je vais l'appeler. (*Ouvrant la fenêtre.*) Ohé! l'homme à la musique! (*La musique s'interrompt aussitôt.*) Oui, montez au 3ᵐᵉ, à gauche! (*Rangeant les meubles.*) Là, maintenant, faisons de la place, car je vous préviens que je vais danser comme un fou!
MARIE. Ah! il faut que j'admire encore mon délicieux bracelet!
GUSTAVE. Aide-moi donc, toi! Tu regarderas cela demain!
MARIE. Je vais aller plutôt préparer les rafraîchissements dans la salle à manger!
GUSTAVE. C'est-à-dire le thé!
MARIE, *en riant.* Oui. (*Elle sort, après avoir replacé l'écrin sur la cheminée.*)

SCÈNE VI

Les mêmes, moins MARIE.

EDMOND. Si mon domestique nous montait une lampe ou deux ?

GUSTAVE. A quoi bon ? Les bougies suffiront.

CLARA. D'ailleurs, on n'a pas besoin d'y voir clair pour la lanterne magique !

EDMOND. Vous avez raison, toujours raison !

CLARA, *bas à Edmond.* Comme ça, monsieur Edmond, vous logez aussi dans cette maison ?

EDMOND. Mon Dieu oui.

CLARA. Avec votre famille ?

EDMOND. Non.

CLARA. Alors vous êtes libre ?

EDMOND. Trop libre ! *(En rangeant des meubles.)* «Travaillons, travaillons ! Le travail fait la liberté! » a dit Pierre Dupont.

CLARA. Qu'est-ce que vous faites, hein ?

EDMOND. Moi ? Rien !

CLARA. Ah ! le joli métier ! Vous avez donc de la fortune ?

EDMOND. Un peu.

CLARA. Moi, j'en ai un peu, beaucoup, passablement, pas du tout !

EDMOND. Ce n'est vraiment pas assez !

CLARA. Je parie que votre cœur est inoccupé ?

EDMOND. Oh ! complètement.

CLARA. Le mien aussi.

EDMOND, *avec indifférence.* Ah !

CLARA, *à part.* L'imbécile! Il ne comprend pas. *(A Gustave.)* Vous vous donnez là beaucoup de mal pour nous amuser, monsieur Gustave !

GUSTAVE. C'est bien le moins, madame, quand on a le bonheur de vous posséder !

CLARA, *riant.* Oh ! comment l'entendez-vous?

GUSTAVE. C'est-à-dire quand vous honorez nos salons de votre présence.

CLARA. A la bonne heure! savez-vous que vous êtes très aimable, vous?

GUSTAVE, *jouant la modestie.* On me l'a dit quelquefois.

CLARA. Et que Marie a eu de la chance de vous trouver, car certainement c'est une belle et bonne fille, mais enfin il y en a d'autres qu'elle!

GUSTAVE. Sans nul doute.

EDMOND, *à part.* Où diable ai-je vu cette estimable personne?

CLARA, *à Gustave.* Il paraît que vous avez aussi beaucoup de talent dans votre partie : vous êtes architec?

GUSTAVE. Architecte.

CLARA. Justement, j'aurais des travaux à faire faire dans mon cabinet de toilette.

GUSTAVE. Lesquels?

CLARA, *le regardant d'un certain air.* Vous n'avez qu'à venir chez moi, demain, dans la matinée.

GUSTAVE, *à part.* Tiens, tiens, tiens!...

CLARA. Je vous montrerai ça!...

GUSTAVE, *à part.* Voilà une bonne petite camarade! (*Haut.*) Ah! demain? Impossible : J'ai un rendez-vous à l'autre bout de Paris.

CLARA, *à part.* Il n'est guère poli non plus, celui-là!

SCÈNE VII

LES MÊMES, MARIE, *précédant le* JOUEUR D'ORGUE.

MARIE. Voici la musique!

LE JOUEUR, *accent auvergnat très prononcé.* Chalut mescheux, mesdames, la compagnie!

TOUS. Bonchoir! Bonchoir!

CLARA, *en riant.* Ni hommes ni femmes, tous Auvergnats!

LE JOUEUR. Mon camarade est en bas avec la lanterne; faut-il l'appeler?

GUSTAVE. Attendez! Par quoi commençons-nous?

CLARA. Oh! par la lanterne! (*Au joueur.*) La vôtre est-elle très rigolo?

Le joueur. Choyez tranquille! (*lui tendant des verres.*) Tenez, regardez-moi cha! ch'est des nouveautés.

Clara. Qu'est-ce que c'est que ce bonhomme-là?

Le joueur. Cha? Ch'est le maréchal comte de Lafayette, chélèbre par une magnifique rue de Paris.

Edmond. Ah! Bravo! Parfait!

Clara. Et chelui-chi?

Le joueur. Chrichtophe Colomb, inventeur de l'Amérique.

Gustave. Ah! bon!

Clara. Et toutes ces binettes-là?

Le joueur. Che chont les plus malins journalichtes de l'époque.

Marie. Ils sont bien laids!

Le joueur. Tant plus qu'ils chont laids, tant plus qu'ils chont chpirituels!

Clara. Ah! Et ce seigneur-là?

Le joueur. J'expire, acteur anglais, gardant les chevaux des chpectateurs à la porte de Covin-gardin.

Edmond. Je le reconnais.

Clara. Et ce pauvre vieillard?

Le joueur. Cha? ch'est Molière, malade imaginaire que les médechins laichent mourir pour che venger de lui.

Gustave. C'est trop juste!

Clara. Et cha?

Le joueur. Ch'est la forêt.

Clara. Une forêt! ça? on dirait d'une vieille femme!

Le joueur. Eh! bé oui, chelle qui collaborait avec Molière.

Clara. Sa maîtresse?

Le joueur. Au contraire, cha chervante.

Marie, *qui n'écoutait pas.* Ah! Cervantes, auteur de *Don Quichotte de la Manche?*

Edmond, *à Clara.* De quelle manche?

Clara. Oh! farceur!

Gustave. Le même qui avait le sang chaud!

Le joueur, *à Clara.* Ah! tenez, voilà pour vous:

ACTE II, SCÈNE VII

Mademoisello Moufflette danchant lo cancan avec chon bon ami.

CLARA. Fi! Quelle horreur! Et ceux-ci?

LE JOUEUR. Che chont des tableaux vivants hichtoriques.

CLARA. Ah! j'en ai déjà assez!...

EDMOND. Moi aussi.

MARIE. Mon Dieu, je n'y tiens pas beaucoup non plus.

GUSTAVE. Tu as raison, au diable la lanterne magique! Il faut tendre un drap, se plonger dans les ténèbres... Tenez, si vous m'en croyez, nous commencerons par la danse et nous finirons... par la danse!

CLARA. Adopté! à l'unanimité!

EDMOND et MARIE, *ensemble*. A l'u-na-ni-mi-té!

GUSTAVE. Alors, (*prenant Clara par la taille.*) Jouez-nous une valse!

EDMOND, *à Marie*. Mademoiselle... (*se reprenant aussitôt*) madame, voulez-vous m'accorder la prochaine valse?

MARIE, *en riant*. Très volontiers! (*Le joueur d'orgue joue une valse pendant laquelle les deux couples valsent d'abord sérieusement, puis finissent par se bousculer de temps en temps en poussant des cris.*)

MARIE, *s'asseyant tout étourdie*. Ah! je n'en puis plus!

EDMOND. Quelle cohue! (*Gustave et Clara continuent à valser encore assez longtemps, jusqu'à ce que, enfin, Clara paraissant fatiguée, Gustave la jette sur un fauteuil et, après être tombé à ses pieds, se met à l'éventer.*)

MARIE, *à Gustave*. Oh! bien, dis donc, je suis jalouse, moi!

EDMOND. Voyons, maintenant, (*au joueur d'orgue.*) un quadrille? Mon brave! (*Offrant son bras à Marie.*) Invitez vos dames et en place pour le quadrille national! Le voisin du dessous, c'est moi, ainsi ne craignez pas de faire du tapage!

CLARA, *acceptant le bras que lui offre Gustave*. Allons-y gaiement! (*Pendant le quadrille, Gustave et*

Clara se livrent à un léger cancan, après lequel tous quatre s'assoient.)

Marie. Ah ! j'en ai assez !

Clara. Moi aussi.

Gustave. Réglons nos comptes, mon brave ! (*Il paie le joueur d'orgue qu'il reconduit à la porte d'entrée de l'appartement.*)

SCÈNE VIII

Les mêmes, *moins le* JOUEUR D'ORGUE.

Gustave, *rentrant aussitôt*. Mesdames et monsieur, si vous voulez passer au buffet, on vous servira tout ce que vous désirerez.

Marie. Pourvu que ce soit du thé et de la galette !

Clara. Bien entendu. (*Elle prend le bras de Gustave.*)

Marie. Gustave, charge-toi de faire le service, pendant que je vais donner un peu d'air ici et remettre tout en place !

Gustave. Sois tranquille !...

Edmond (*à part, avant de les suivre, en se frappant le front.*) Ah !... J'y suis !... Je la reconnais enfin !... Ce n'est pas malheureux !... Je vais joliment la surveiller !

SCÈNE IX

MARIE, *seule.*

Voilà une soirée complète, j'espère ! (*Elle ouvre la croisée puis remet chaque meuble à sa place.*) Ah ! que ça fait de bien de respirer ! Est-ce heureux que j'aie rencontré Clara ? Sans elle, jamais nous ne nous serions amusés autant. Je ne parle pas pour moi, car, si je ne craignais pas que Gustave ne finît par s'ennuyer, j'aimerais toujours mieux rester seule avec lui !... Est-elle coquette, cette Clara ! Et quel mauvais ton elle a ! Je ne comprends pas qu'elle plaise tant à ces messieurs !... Allons les retrouver bien vite ! Décidément, je deviens par trop jalouse !

SCÈNE X
MARIE, CLARA.

MARIE. Déjà de retour?
CLARA. Je viens de prendre une tasse de thé avec ma part de galette.
MARIE. Eh bien! à propos, et la fève?
CLARA. C'est M. Gustave qui l'a eue et qui m'a choisie pour reine, seulement je fuis ces messieurs, car ils me disent des choses...
MARIE. Pas Gustave, j'espère?
CLARA. Lui aussi...
MARIE. Oh! je vais le gronder!
CLARA. Tu auras raison, ma chère! (*Marie sort.*)

SCÈNE XI
CLARA, *seule*.

Enfin, ça marche : Ma danse a fait merveille et les a réveillés un peu. (*Elle s'assied en face du public, près de la fenêtre.*) Si l'un d'eux voulait payer mes dettes, c'est tout ce que je demanderais!... L'architec a promis de venir me voir; quant à l'autre, je me tromperai de porte en rendant visite à Marie et j'entrerai chez lui. Il fait le philosophe; je lui en donnerai, moi, de la philosophie. C'est mon fort!

SCÈNE XII

CLARA, EDMOND. *Il paraît à la porte du fond à droite et reste à moitié caché derrière la portière.*

EDMOND, *à part*. Que peut-elle bien faire là toute seule?
CLARA, *gaiement*. Ah bah! (*se levant*). Je m'en tirerai encore! Vivent la joie et les pommes de terre! (*Elle s'approche de la cheminée et prend l'écrin qu'elle ouvre*). Il est vraiment joli, ce bracelet! Tiens, au fait! (*Elle glisse tout à coup le bracelet dans sa poche, puis remet l'écrin sur la cheminée.*) Tant pis! Ce sera le joueur d'orgue!...

EDMOND, *à part.* Que vois je? Aïe! Aïe! Aïe! (*Il disparaît complètement derrière la portière.*)

CLARA. Dès demain matin, je le porterai chez le borgne qui m'en donnera au moins quatre-vingts francs. (*On entend crier: Le roi boit! Le roi boit!*) Je m'en vais les rejoindre!

SCÈNE XIII

CLARA, MARIE, GUSTAVE *et* EDMOND *rentran tous trois par la porte du fond à gauche.*

CLARA. Ah! vous voici! c'est bien heureux!
GUSTAVE. Vous me fuyez, ma reine?
CLARA. Nullement.
EDMOND. Il n'est pas tard; comment allons-nous finir cette soirée?
CLARA. Comme vous voudrez!
EDMOND. Ah! Marie, montrez moi donc votre bracelet que j'ai à peine vu.
MARIE. Il est sur la cheminée; tiens, l'écrin est vide! (*Regardant tout le monde.*) Oh! vous m'avez fait une farce!...
CLARA. Pas du tout; je le jure!
GUSTAVE. Tu l'as peut-être serré par distraction?
MARIE. Ah! tu ris! c'est toi!...
GUSTAVE. Non, parole d'honneur!
MARIE. Ou M. Edmond qui me l'aura caché.
EDMOND. Moi!...
MARIE. Alors, pourquoi me le demandiez-vous?
EDMOND. Pour le voir tout simplement.
CLARA. Ah! mon Dieu, il me vient une idée...
GUSTAVE. Laquelle?
CLARA. Ce joueur d'orgue qui s'est tenu si longtemps près de la cheminée... Ces gens-là sont capables de tout!
EDMOND, *à part.* Oh! l'infâme coquine!... heureusement que je l'ai vue!
GUSTAVE. Au fait, j'ai envie de courir après lui...
EDMOND. A quoi bon? Tu ne le rattraperas pas!
CLARA. Allez plutôt demain matin chez le commissaire de police, qui saura bien le retrouver, lui!

MARIE. Il avait une si bonne figure, ça m'étonnerait.
CLARA. Tu es naïve, toi! si tu crois que la figure signifie quelque chose; au contraire, ma chère!
EDMOND. Mais, (*à Gustave, en lui faisant des signes d'intelligence.*) Je suis somnambule, moi! Que l'un de vous me magnétise, et je lui dirai où se trouve le bracelet en ce moment.
CLARA. Quelle farce!
EDMOND. Vrai! Je parie que si mademoiselle Clara veut me magnétiser, ce qui lui sera très facile, car elle possède un fluide magnétique irrésistible, je deviendrai extrêmement lucide.
CLARA. Moi, je ne demande pas mieux; seulement je vous préviens que je ne crois pas à cette blague-là! J'en ai trop vu de toutes les couleurs!
EDMOND. Essayez toujours!
CLARA. Alors, dites-moi ce qu'il faut que je vous fasse!
EDMOND. Tenez, des passes comme ça! (*Il fait des gestes comiques.*) Et une fois que je serai endormi, je répondrai à vos questions.
CLARA. A toutes?
EDMOND. Certainement.
MARIE. Oh! Je suis désolée, moi! mon pauvre bracelet! Je n'en ai pas joui longtemps!...
GUSTAVE. Pour l'homme, je suis certain qu'on le retrouvera; mais pour le bracelet, j'en doute.
CLARA, *magnétisant Edmond.* Ça va-t-il? Il ne répond plus! quel drôle d'air! Je crois vraiment qu'il éprouve quelque chose.
MARIE. Quant à moi, j'avoue que je ne suis plus en train de rire!
CLARA, *fatiguée.* Ah! bien, merci! j'en ai assez, dites donc!... Ma parole, je crois qu'il dort! voyons, maintenant je vais lui faire des questions! (*A Edmond.*) Il s'agit d'un bracelet...
EDMOND. Bien.
CLARA. Où est-il?
EDMOND. Dans une poche.
CLARA, *en riant.* Parbleu! C'te malice! Voyez-vous

seulement la personne dans la poche de qui il est?

EDMOND. Parfaitement.

CLARA. Comment est-il fait cet homme?

EDMOND. Comme une femme.

CLARA. Qu'est-ce qu'il veut dire?

GUSTAVE, *impatienté*. Voyons, avez-vous bientôt fini cette bête de plaisanterie?

CLARA. Ah! attendez! Comment s'appelle-t-il cet homme, ce joueur d'orgue qui est fait comme une femme?

EDMOND. Clara.

MARIE, *gaiement*. Oh! je comprends : c'était pour me faire chercher!

CLARA, *troublée*. Pas du tout!

EDMOND, *se levant, en riant*. Si fait! je vous assure que le bracelet est dans votre poche.

CLARA. Par exemple! Pour qui me prenez-vous?

MARIE. Regardes-y au moins!

EDMOND. Voyons!

CLARA, *furieuse*. Je ne veux pas qu'on me touche!

EDMOND. Puisque c'est moi qui l'ai glissé dans votre poche.

CLARA. Vous?

EDMOND. Sans que vous vous en aperceviez.

CLARA. Ah! (*Se fouillant.*) En effet, le voici! (*Elle rend le bracelet.*)

MARIE. C'est égal, monsieur Edmond, vous avez eu tort de me faire cette peur-là!

GUSTAVE. Ta farce n'est guère de bon goût!...

EDMOND. Au contraire! (*A Clara.*) N'est-ce pas qu'elle est excellente?

CLARA. Je ne trouve pas!

EDMOND. Diable! vous êtes difficile!

CLARA, *à part*. Je n'en reviens pas! Comment a-t-il su?... (*A Edmond.*) Est-ce que vraiment vous seriez somnambule?

EDMOND. Vous le voyez bien!

CLARA, *à voix basse*. Monsieur Edmond, j'ai besoin de vous parler, de vous expliquer...

EDMOND, *de même*. A quoi bon? C'est tout à fait

inutile; je vous reconnais : Je vous ai vue et admirée tout dernièrement dans un bal public.

Clara. Moi?

Edmond, *toujours à voix basse.* Vous êtes Clara... la voleuse!

Clara, *en faisant mine de vouloir lui donner un soufflet.* Misérable!

Edmond, *lui retenant la main.* Chut! sortez et ne reparaissez jamais dans cette maison! (*Haut et d'un air aimable.*) Adieu, madame! (*Clara prend son chapeau, son mantelet, et sort sans dire un mot à personne.*)

Marie, *étonnée.* Tu t'en vas?

Gustave. Déjà!

Marie. Qu'a-t-elle donc? (*A Edmond.*) Vous lui avez dit quelque chose...

Edmond, *sur le seuil de la porte et d'un ton gracieusement affecté.* Permettez-moi de vous reconduire, de vous ouvrir la porte; vous ne voulez pas? Allons, adieu, madame! (*On entend fermer une porte avec violence.*) La voilà partie!

SCÈNE XIV

Les mêmes, *moins* CLARA.

Gustave. Enfin, voyons, qu'est-ce que tu lui as dit?

Edmond. Ces simples mots : Je vous reconnais; je vous ai vue et admirée dernièrement dans un bal public; vous êtes Clara la voleuse!

Gustave. La voleuse!

Marie. Comment! c'est elle-même qui avait...

Edmond. Parfaitement. Aussi, j'ai cru devoir la mettre à la porte en l'invitant poliment à ne plus remettre les pieds ici.

Gustave. Tu as bien fait : Marie, je te défends de reconnaître jamais cette coquine.

Marie. Oh! sois tranquille!.. Mon Dieu je n'en reviens pas! Clara, voleuse!...

Edmond. Vous l'avez échappé belle, allez! sans moi, nous aurions tous été volés par elle! (*A part.*) Et sous tous les rapports encore !... (*Haut à Marie.*) Pour la peine, je vous demanderai une seconde tasse de thé.

Marie. Très volontiers.

Gustave. Moi aussi; décidément cette petite fête m'a creusé ! repassons dans la salle du banquet ! (*Ils sortent. Le rideau tombe.*)

FIN DU SECOND ACTE.

ACTE III

Même décor qu'au second acte.

SCÈNE I

MARIE, *seule.*

Ainsi, après deux mois d'absence, il sera aujourd'hui de retour à Paris, et cette journée ne se passera pas sans que je l'aie embrassé, mon Gustave chéri ! (*Regardant la pendule.*) Cinq heures un quart !... il pourrait être déjà ici, puisque le train arrive à quatre heures ! On monte l'escalier, c'est lui ! (*Elle sort en courant par la porte du fond à gauche.*)

SCÈNE II

MARIE, *rentrant suivie d'*EDMOND.

Oh ! quelle déception !

Edmond. Eh bien, dites donc, vous êtes aimable !

Marie. Dame... (*En riant.*) Pardon !...

Edmond. Je plaisante et suis presque aussi impatient que vous de le revoir, ce misérable; alors, j'ai pensé qu'en nous réunissant, nous supporterions plus patiemment les tourments de l'attente.

Marie. Vous avez eu raison. A propos, comment vous sentez-vous ?

Edmond. De mieux en mieux.

Marie. Les jambes ?

Edmond. Sont beaucoup plus fortes.

ACTE III, SCÈNE II

MARIE. Et l'appétit ?
EDMOND. Oh ! il est magnifique.
MARIE. Voulez-vous un peu de bouillon ?
EDMOND. Non, merci.
MARIE. J'en ai là qui chauffe à la cuisine, car, à son arrivée, Gustave en prendra peut-être avec plaisir.
EDMOND. C'est possible.
MARIE. Ah ça, et la mémoire ?
EDMOND. Elle revient aussi. (*Une main sur son cœur.*) Là surtout !
MARIE. Mon Dieu, m'avez-vous fait peur pendant cet accès de délire si prolongé ! je vous croyais perdu !
EDMOND. Je l'étais sans vous !
MARIE. Oh ! laissez donc ! Mais quelle vilaine maladie que cette fièvre typhoïde !
EDMOND. Oui. (*Tirant une petite boîte ancienne de sa poche.*) Ma chère Marie, vous allez me permettre de vous offrir, en souvenir de ma profonde reconnaissance, (*Ouvrant la boîte.*) ces boucles d'oreilles qui ont brillé à la cour du grand roi.
MARIE. Oh ! les belles pierres ! Comment, vous voulez que je porte ça, moi !
EDMOND. Pourquoi non ?
MARIE. Vous tenez donc bien, monsieur Edmond, à me payer les soins que j'ai été si heureuse de vous donner ?
EDMOND. Nullement.
MARIE. A la bonne heure, car, vrai, j'en serais humiliée.
EDMOND, *remettant la boîte dans sa poche*. N'en parlons plus alors; mais croyez-le bien, Marie, ce cadeau n'avait pas la prétention de payer, comme vous le dites, ces nombreuses journées de fatigue et surtout ces longues nuits d'insomnie passées par vous à mon chevet.
MARIE. C'était si naturel !
EDMOND. Non, car les personnes qui vous y ont admirée, ne voulaient pas admettre que ce fût par simple amitié que vous me soigniez avec un pareil dévouement.

MARIE, *riant*. En vérité ?

EDMOND. Hélas! le monde voit de l'intérêt dans tout.

MARIE. Et il n'a pas tort : Qui est-ce qui me parlait de Gustave, dans les bons moments? Vous ne me devez rien, allez, monsieur Edmond, votre maladie m'a occupée, distraite et m'a empêchée de mourir d'ennui ou plutôt de chagrin. (*Sur un mouvement d'Edmond.*) Oh ! voyons, franchement, n'avez-vous pas été frappé de la froideur de Gustave à mon égard ?

EDMOND, *embarrassé*. Non, pourquoi?

MARIE. Pendant le premier mois, ses lettres ont été rares et courtes; pendant le second, je n'en ai pas reçu une seule!

EDMOND. Ce n'est pas étonnant : Gustave savait que nous ne nous quittions pas et tenait à écrire au pauvre convalescent, pensant bien que, ses lettres, nous les lisions ensemble.

MARIE. Ainsi, sérieusement, vous croyez que...

EDMOND. Certainement.

MARIE, *avec joie*. Ah! je puis alors courir sans crainte à sa rencontre !

EDMOND. Quelle folie! Vous allez vous croiser avec lui!...

MARIE. Je veux m'assurer seulement que les persiennes de sa mère sont ouvertes! (*Elle prend son chapeau et sort par le fond à droite.*)

SCÈNE III

EDMOND, seul.

Oui, va, cours, pauvre fille! Je doute que ton Gustave soit aussi pressé que toi de vous réunir! Ma foi, au lieu de rester seul ici, je vais redescendre chez moi. (*Il sort par le fond à gauche, puis rentre un instant après, suivi de Duhamel.*)

SCÈNE IV

EDMOND, DUHAMEL.

EDMOND. C'est ici, en effet, monsieur, mais mademoiselle Marie vient de sortir.

DUHAMEL. Ah! diable!
EDMOND. Du reste, elle ne tardera pas à rentrer.
DUHAMEL. En ce cas, j'attendrai.
EDMOND. Et Gustave?
DUHAMEL. Je l'ai laissé à la gare. J'espérais, pendant qu'il recevra nos bagages et installera sa mère chez elle, avoir le temps de régler ici une petite affaire.
EDMOND. Une affaire?...
DUHAMEL. Mais, pardon, monsieur le vicomte, j'aurais dû, tout d'abord, m'informer de l'état de votre santé! vous nous avez bien inquiétés là-bas.
EDMOND. Je vous remercie, monsieur, me voici tout à fait rétabli.
DUHAMEL. Ah! tant mieux.
EDMOND. Grâce aux bons soins de ma voisine, car vous n'ignorez pas que j'habite l'appartement situé au-dessous de celui-ci?
DUHAMEL. Je me souviens que Gustave nous quittait toujours pour venir, soi-disant, vous visiter dans cette maison, où j'ai appris, depuis peu, que loge également cette... demoiselle.
EDMOND. C'est même là ce qui a permis à cette excellente personne de me soigner avec un dévouement dont je venais encore la remercier.
DUHAMEL, *d'un air fin.* Oui-dà, mon gaillard!
EDMOND. Oh! vous vous trompez, monsieur; vous cherchez des malices où il n'y en a pas, je vous jure!
DUHAMEL. Tant pis, morbleu!
EDMOND. Pourquoi donc?
DUHAMEL, *s'asseyant.* Tenez, asseyons-nous!
EDMOND, *s'asseyant.* Volontiers.
DUHAMEL. Je vais vous mettre au courant de ce qui m'amène : J'étais aux Pyrénées avec Gustave et sa mère, lorsqu'un matin, cette dernière me fit appeler pour me montrer une lettre, ouverte par mégarde et adressée à Gustave par une certaine demoiselle Marie, que madame Martin reconnut, à l'écriture, être celle qui venait jadis travailler en journée, rue de Navarin, et dont elle avait conservé le meilleur souvenir.
EDMOND. Je n'en suis pas surpris.

9.

DUHAMEL. Cette lettre, fort bien écrite sous tous les rapports, était particulièrement tendre.

EDMOND. Je m'en doute.

DUHAMEL. Naturellement, la mère et moi nous tînmes conseil et je fus d'avis de confisquer la susdite lettre ainsi que toutes celles qui seraient adressées par la même personne.

EDMOND, *à part*. Pauvre Marie!

DUHAMEL. Cette découverte nous donnait enfin l'explication des irrégularités que nous remarquions, depuis quelque temps, dans la conduite de Gustave et qui nous inquiétaient au sujet du mariage de notre jeune homme, qui est le rêve, l'idée fixe de cette bonne madame Martin : Pour voir son fils marié et père surtout, la pauvre femme donnerait, Dieu me pardonne, sa place en paradis.

EDMOND. Ainsi vous eu le courage d'intercepter...

DUHAMEL. Toutes les lettres de la donzelle, lesquelles, par exemple, ne furent plus ouvertes.

EDMOND. Et quel était votre but en agissant de la sorte?

DUHAMEL. D'amener peu à peu une rupture entre les deux amants.

EDMOND. Ce sera peut-être difficile...

DUHAMEL. Laissez donc! je regarde la chose comme à moitié faite : Votre ami, vous le savez, ne devait passer que quelques jours à Cauterets, avec nous. Mais il tomba, à l'hôtel, au milieu d'une société charmante dont faisait partie une ravissante fille à marier qui, bien que tous nos jeunes gens, les plus riches et les mieux titrés, raffolassent d'elle, n'eut bientôt plus d'yeux que pour mons Gustave. Celui-ci, flatté d'abord, ne tarda pas à devenir sérieusement épris, car décidément l'amour est une maladie contagieuse. Je devins aussitôt son confident intime et le poussai à s'engager franchement dans les liens du mariage. Alors, je m'aperçus, à son embarras et à sa tristesse, que sa liaison serait encore un obstacle véritable à la réalisation de mon projet. Néanmoins, j'ai déjà tant gagné de terrain sur son esprit, que je réponds du succès, si je parviens, comme je n'en doute pas, à m'entendre avec mademoiselle Marie.

EDMOND. De quelle façon?

DUHAMEL. En faisant un sacrifice.

EDMOND. Un sacrifice?...

DUHAMEL. D'argent : En ma qualité d'homme pratique, je lui donnerai, dix, quinze, vingt mille francs, s'il le faut, pour qu'elle quitte Paris et s'achète en province un petit fonds, de n'importe quoi, qui lui permette de s'y marier.

EDMOND. Oh! monsieur, quelle immoralité!

DUHAMEL. Au contraire! Du reste, je ne lui demande qu'une chose, c'est de me restituer son prisonnier, auquel je voudrais pouvoir dire dès ce soir : « Tu es libre, mon garçon, va te marier! » Tenez, vous devriez m'aider dans mon entreprise!

EDMOND. Comment cela?

DUHAMEL. Vous connaissez... cette Marie et, que diable! les amis de nos amis sont nos amis.

EDMOND, *froidement*. Pas toujours, monsieur.

DUHAMEL. Bah! bah! Je parie que vous l'aimez sincèrement et qu'elle vous adore!

EDMOND. Dans ce cas, vous me conseilleriez de la trahir?

DUHAMEL. Nullement. Après tout, nous avons bien le droit, vous et moi, de faire passer l'intérêt de Gustave avant celui de cette fille!

EDMOND. C'est selon.

DUHAMEL. Si fait, si fait! usez donc de votre influence sur elle : Dites-lui, ce qui est vrai, que Gustave aime ailleurs; faites-lui bien comprendre surtout qu'elle n'a rien de bon à attendre de l'avenir; enfin, promettez-lui de ma part la somme en question pour qu'elle renonce à mon filleul et lui écrive même un billet qui le dégage moralement.

EDMOND, *d'un ton solennel*. Monsieur Duhamel, à mon tour de parler : Marie est la femme que j'affectionne et que j'estime le plus au monde!

DUHAMEL. Quelle plaisanterie!

EDMOND. J'ai la conviction que, sans les soins

dévoués et si intelligents qu'elle m'a prodigués, je serais mort à l'heure qu'il est.

Duhamel. Mon Dieu, je ne chercherai pas à amoindrir votre gratitude envers cette... demoiselle; mais... (*Après un moment de réflexion.*) Tenez, votre enthousiasme m'inspire une idée!...

Edmond. Laquelle?

Duhamel. Si j'avais quelque vingt ans de moins, je ne réclamerais le concours de personne; malheureusement, je suis vieux, tandis que vous êtes jeune...

Edmond. Relativement.

Duhamel. Vous êtes beau...

Edmond, *en souriant.* Relativement!

Duhamel. Enfin, vous êtes riche, relativement à ceux qui n'ont pas, comme vous, de quoi vivre de leurs rentes!

Edmond. Evidemment.

Duhamel. Eh bien! puisque vous aimez et estimez tant cette jeune fille qui, certainement, vous paie de retour...

Edmond. C'est probable; où voulez-vous en venir?

Duhamel. Vous n'avez aucun préjugé?

Edmond. Je l'espère, du moins.

Duhamel. Alors, que diable! prenez-la pour vous!

Edmond, *après avoir fait un mouvement et gardé un instant de silence.* Monsieur Duhamel, je suis sans famille et j'éprouve le besoin de m'en créer une. Je vous annonce donc que désormais Marie sera ma sœur.

Duhamel. Votre sœur! à vous, monsieur le vicomte, une fille du peuple, une fille perdue?

Edmond, *sévèrement.* Je vous répète qu'elle est ma sœur.

Duhamel. Ma foi! je vous savais original, mais pas à ce point, je l'avoue.

Edmond. Vous comprenez que dorénavant mon devoir sera de défendre les intérêts de ma sœur; je vous préviens donc que, loin de m'associer à vos projets, je ferai tout au monde pour empêcher Gustave de les mettre à exécution.

Duhamel. Quoi! vous sacrifieriez un ami d'enfance à...

Edmond. Au contraire, tant je suis convaincu que vous préparez, sans le vouloir, son malheur et sa honte!

Duhamel, *se levant et se promenant avec impatience.* Ah ça! puisque vous refusez de nous servir, vous me permettrez, je pense, de causer avec... (*en souriant*) mademoiselle votre sœur?

Edmond. Oui; mais seulement en ma présence : Je veux être là pour lui porter secours, s'il en est besoin.

Duhamel, *en haussant les épaules.* Vous serez peut-être bien surpris de la voir enchantée, ravie, de toucher ses vingt mille francs, car décidément j'irai jusque-là! (*Regardant fixement un portrait appendu à l'un des côtés de la cheminée.*) Tiens!... (*à part*). Que vois-je? (*haut.*) Cette photographie, de qui est-ce le portrait?

Edmond. De la mère de Marie, morte depuis plusieurs années.

Duhamel. Vous l'avez connue?

Edmond. Non, mais Marie m'en a parlé quelquefois.

Duhamel. Ah!... comment s'appelait-elle?

Edmond. Madame Coquelet.

Duhamel. Et son mari?...

Edmond. Elle n'était pas mariée.

Duhamel. Enfin, le père de Marie, que faisait-il?

Edmond. Je l'ignore.

Duhamel. Quel était son nom?

Edmond. Celui d'un misérable qui avait trompé, en lui promettant le mariage, puis abandonné la mère de Marie, avant la naissance de celle-ci. Devenue folle à la suite de sa fièvre de lait, l'infortunée fut recueillie dans un hospice de Lyon, où elle continua à nourrir son enfant et d'où on la renvoya à moitié guérie seulement. Ce qui le prouve, c'est que, pour mettre le parjure dans l'impossibilité de retrouver jamais sa fille, au risque de compromettre l'avenir de cette dernière, la pauvre mère lui fit savoir qu'elle avait donné le jour à un garçon, mort en naissant.

Duhamel, *à part.* Plus de doute, je suis ici chez mon enfant, chez ma fille dont j'allais moi-même assurer la perte ! (*Haut.*) Ah ! monsieur de Sauvecœur !... (*en lui saisissant une main qu'il sert convulsivement*) vous êtes un brave jeune homme ! (*A part.*) Qu'allais-je faire ? Non, ne confions ce secret à personne ! (*Haut.*) Votre conduite est admirable !... vous m'avez converti et avec vous, maintenant, je travaillerai au bonheur de Marie.

Edmond. Je le déclare impossible si Gustave n'a plus d'amour pour elle !

Duhamel. Soyez tranquille ; il a beau se monter la tête pour... l'autre, je me charge de le ramener ici !...

Edmond. Moi, je n'y compte guère ; tout ce que je demande, c'est que Gustave ne quitte pas Marie du jour au lendemain, comme vous voudriez qu'il le fît.

Duhamel. Je crois bien !

Edmond. J'exige surtout que cette question d'argent soit mise complètement de côté et que, enfin, on ait pour (*appuyant*) ma sœur, des égards, des ménagements qui, avec le temps, amortiront, j'espère, le coup d'une rupture devenue désormais inévitable.

Duhamel. Inévitable !... Pourquoi donc ? Notre devoir n'est-il pas, au contraire, d'empêcher Gustave d'abandonner cette malheureuse, à laquelle il a dû également promettre le mariage ?

Edmond. Je réponds que non ; d'ailleurs il n'y a pas d'enfant.

Duhamel. Qu'importe ?

Edmond. Ah ! ça, monsieur Duhamel, vous voilà, si je ne me trompe, plus royaliste que le roi !

Duhamel. En effet : Oh ! c'est que vous venez de me faire sentir ce qu'il y a de grand, de noble, de généreux à protéger, à défendre celle que... (*à part*) à tout prix, je sauverai ma fille !... Mais sortons, car je me trahirais !... (*Haut*) Au revoir, cher monsieur, je cours rejoindre Gustave, qui finira par entendre raison, je vous le promets ! (*Il sort précipitamment.*)

SCÈNE V

EDMOND, seul.

Le singulier personnage ! Il discute, vous tient tête, puis, passant tout à coup d'un extrême à l'autre, adopte votre opinion avec une telle exagération, qu'on serait tenté d'en changer soi-même, pour ne pas se trouver en communauté de sentiments avec lui ! J'entends Marie, ne nous occupons plus que d'elle !

SCÈNE VI

EDMOND, GUSTAVE.

EDMOND. Tiens !
GUSTAVE, *étonné.* Edmond ! (*Ils se serrent les mains.*)
EDMOND. Comment as-tu pu entrer ?
GUSTAVE. Avec ma clef.
EDMOND. Ah ! c'est juste. (*Ils se regardent un instant, puis se sautent au cou.*)
GUSTAVE. Mon pauvre ami, quelle maladie affreuse tu viens de faire et en mon absence encore ! Moi qui aurais tant voulu ne pas te quitter !
EDMOND, *en lui serrant de nouveau les mains.* Je n'en doute pas ! Et ta mère, comment se porte-t-elle ?
GUSTAVE. Beaucoup mieux. Le voyage lui a réussi à merveille. Quant à toi, sais-tu que je te trouve... un peu changé ?
EDMOND. Je le crois bien ! Si tu m'avais vu il y a seulement une quinzaine de jours !
GUSTAVE, *avec embarras.* Où est donc Marie ?
EDMOND. Elle a couru au-devant de toi.
GUSTAVE, *froidement.* Ah !
EDMOND. Je te dirai que M. Duhamel sort d'ici.
GUSTAVE, *effrayé.* Lui ! A quel propos est-il venu ? A-t-il vu Marie ?
EDMOND. Non.
GUSTAVE. Tant mieux.
EDMOND. J'étais là à l'attendre, je l'ai reçu.
GUSTAVE. Et... vous avez causé, bien entendu ?

Edmond. Naturellement, il m'a mis au courant de tout.

Gustave. Edmond, à mon tour, laisse-moi te raconter ce qui s'est passé.

Edmond. A quoi bon ?

Gustave. J'y tiens, d'autant plus que j'ai besoin de te consulter...

Edmond. Parle donc !

SCÈNE VII

Les mêmes, MARIE, *elle s'introduit par la porte du fond à droite et reste à moitié cachée derrière la portière.*

Marie, *à part.* Le voilà !... Comme je vais lui sauter au cou dès que j'aurai pris le temps de respirer !...

Gustave. Décidément, vois-tu, je ne suis pas un parfait honnête homme, comme l'était mon père. Il existe en moi un terrible mélange de bonnes et de mauvaises passions, de vices et de vertus !...

Marie, *à part.* Que signifie...

Edmond. Chacun de nous, mon cher, pourrait en dire autant !

Gustave. Cependant, j'ai un scrupule de conscience, et, avec le secours d'un ami tel que toi, je tenterai de réparer... ce qui est encore réparable.

Edmond. Je t'écoute.

Marie, *à part.* Moi aussi.

Gustave. Sache d'abord que je ne suis pas seul coupable, car si la jeune personne des Pyrénées m'a réellement fasciné au point de chasser de mon cœur toute autre image que la sienne,

Marie, *à part.* Ciel ! (*Elle se cache complètement derrière la portière.*)

Gustave. Marie, de son côté, — c'était comme un fait exprès — cessa tout à coup de m'écrire.

Edmond. Dis plutôt qu'on ne te remettait pas ses lettres.

Gustave. Tu crois ?

Edmond. J'en suis sûr : M. Duhamel vient de me l'avouer.

Gustave. Il existait donc entre ma mère et lui une sorte de conspiration ?

Edmond. Certainement.

Gustave. Je m'explique alors la conduite de Marie; quant à la mienne, elle fut odieuse; juges-en : Après un mois de séjour aux Pyrénées, notre société presque tout entière en était venue passer un second à Biarritz. Un jour que nous nous promenions au bord de la mer, avec une bande de jeunes gens, mon parrain fit tomber la conversation sur les maîtresses en général, et déclara que toute liaison pouvant devenir un obstacle à un bon mariage était une duperie. « Tenez, messieurs, s'écria-t-il tout à coup, je parie que mon filleul, ici présent, est victime d'une union de ce genre et croit avoir séduit quelque vertu farouche qui le trompe peut-être en ce moment avec son meilleur ami. Comme si ces filles-là, reprit-il aussitôt pour m'empêcher de lui répondre, n'étaient pas toujours plus ou moins veuves et prêtes à se remarier ! Ce sont, pardonnez-moi l'expression, de simples meubles d'occasion que l'on se passe de main en main. Est-ce vrai? me demanda-t-il, dès que les éclats de rire et les applaudissements qui avaient accueilli cette boutade se furent un peu calmés. » Te l'avouerai-je? au lieu de protester énergiquement contre ces paroles, je me contentai de garder un silence par trop éloquent, puisque : Qui ne dit mot, consent! Bref, la crainte des moqueries, la honte de ma situation fausse, le besoin surtout de me rendre libre pour pouvoir songer au mariage, m'amenèrent à laisser flétrir et calomnier publiquement une femme que j'aurai dû défendre sinon glorifier. Ah ! ce fut bien misérable de ma part; mais, Edmond, le remords me pèse et je te supplie de me protéger contre moi-même. Que faire? Dis! Faut-il compléter mon œuvre d'égoïsme en épousant la femme que j'aime actuellement ou dois-je, pour racheter mon crime, faire le sacrifice de mon bonheur futur en rivant de nouveau la chaîne qui me lie à Marie? Tu te tais!

Edmond. D'abord, mon cher, tu t'exagères les conséquences d'un crime que Marie elle-même te pardonnerait, je crois; ensuite, tu te trompes si tu t'imagines qu'elle ne découvrirait pas bientôt l'état réel de ton cœur. Vous seriez alors deux malheureux au lieu d'un. Non, ce ne serait pas là une solution satisfaisante !

Gustave. Trouves-en donc une autre, je t'en défie !

Edmond. Selon moi, pourtant, tu dois, avec certaines précautions et un peu de temps, pouvoir finir par recouvrer ta liberté morale. Eh ! mais... quelle idée !...

Gustave. Quoi donc?

Edmond, *à part*. Au fait, pourquoi pas ! C'est Duhamel lui-même qui me l'aura inspirée ! (*Haut.*) J'ai peut-être un moyen de tout arranger !

Gustave. Lequel?

Edmond. Tu n'aimes plus Marie ? Bien sûr?

Gustave, *en hésitant*. Hélas non !

Edmond. Eh bien !... Certes, je suis un ami... véritable, et je n'eusse jamais trahi ta confiance ni abusé de mon intimité avec ta maîtresse ! Je te certifie même que, avant mon affreuse maladie, qui a permis à cette brave fille de me prouver son attachement, je ne m'étais pas rendu un compte exact de mes propres sentiments à son égard.

Gustave. Comment?

Edmond. Aujourd'hui, c'est différent; d'ailleurs, ta confidence m'encourage à te faire la mienne; apprends donc que j'adore Marie !

Gustave. Toi !... Est-ce possible?

Edmond, *froidement*. Mon Dieu oui, j'en suis amoureux-fou.

Gustave. En vérité, je n'en reviens pas ! (*Vivement.*) Et... est-ce que de son côté...

Edmond. Oh ! jusqu'ici je me serais bien gardé de solliciter un cœur qui t'appartenait tout entier; mais du moment que Marie redevient libre d'en disposer; je vais m'efforcer de lui plaire et me sens plein d'espoir dans l'avenir.

Gustave. Tu m'étonnes.

Edmond. Pourquoi?

Gustave. Ainsi, sérieusement, tu oserais prendre ma place auprès d'elle?

Edmond. Certainement : Désormais, je la regarde comme une veuve... d'amour, et c'est un trésor que je ferai tout au monde pour posséder.

Gustave, *préoccupé.* Quelle singulière aventure!

Edmond. Ah! Je te prierai seulement de ne plus remettre les pieds ici, afin de ne pas me gêner dans mes démarches.

Gustave. Tu voudrais m'empêcher de revoir Marie?

Edmond. Assurément : J'exige que tu sois mort pour elle. Du reste, puisque tu vas t'occuper de ton mariage...

Gustave. Oh! ce mariage n'est pas encore fait; il n'en est même aucunement question.

Edmond. N'importe, laisse-moi l'annoncer tout de suite à Marie, dont le dépit ne manquera pas d'avancer furieusement mes affaires.

Gustave. Cependant, il faut absolument que je lui parle!

Edmond. De quoi? Tu ne dois plus avoir rien à lui dire que je ne puisse lui transmettre!

Gustave. Si fait! Que diable! J'ai besoin de me reconnaître, de m'habituer à tout ceci... Nous en recauserons; jusque-là, silence absolu, je l'exige, entends-tu?

Edmond. Soit!

Gustave. Mais, pardon, ma mère m'attend... à demain! ici!

Edmond. Non, viens plutôt chez moi!

Gustave, *à part.* Il se croit déjà le droit d'être jaloux! (*haut.*) Eh bien! chez toi! c'est convenu.

Edmond. Adieu!

Gustave, *sortant sans lui serrer la main.* A demain!

SCÈNE VIII

Les mêmes, *moins* GUSTAVE.

Edmond, *à part.* C'est bien hardi ce que je fais là! Ma foi, tant pis! Dans les cas désespérés, un habile médecin peut, sans imprudence, tout risquer pour sauver son malade.

Marie, *sortant de derrière la portière.* Oh! quel martyre je viens d'endurer!

Edmond. Vous étiez là?

Marie. Oui, j'ai tout entendu!

Edmond, *à part.* La malheureuse! (*Haut.*) Et vous avez eu la naïveté de prendre au sérieux...

Marie. Monsieur Edmond, je vous en supplie, ne cherchez ni à me tromper ni à me consoler! Gustave a une nouvelle passion, tout est donc fini pour moi!

Edmond. De grâce, ma chère amie, n'exagérons rien!

Marie, *avec exaltation.* Je m'attendais depuis longtemps à ce qui arrive, me disant souvent : « Non, le vice ne doit pas être ainsi récompensé; ce serait par trop injuste. D'ailleurs, une félicité pareille à la mienne ne saurait durer sur cette terre, et, si j'en ai joui pendant quelques années, c'est pour avoir à l'expier dans les larmes jusqu'à la fin de mon existence! »

Edmond, *en s'efforçant de sourire.* Je vous ai laissée déraisonner tout à votre aise; maintenant pouvez-vous m'accorder quelques minutes d'attention?

Marie. Certainement.

Edmond. Que me disait Gustave?

Marie. Qu'il ne m'aime plus.

Edmond. Et puis?

Marie. Qu'il est amoureux d'une autre femme.

Edmond. Et puis?

Marie. Que m'importe le reste?

Edmond. Et puis que, si je le lui conseille, il renoncera à ce mariage et reviendra à sa bonne, à son excellente Marie.

Marie. Laquelle, voulant avant tout le bonheur du pauvre garçon, ne permettra pas cela, je vous en réponds!

Edmond. Son bonheur!... son bonheur!... moi aussi je le désire, mais par d'autres moyens que ce mariage. Allons, je vois que vous ne vous êtes pas donné la peine d'écouter la fin de notre conversation!

Marie. Je conviens qu'elle n'avait plus aucun intérêt pour moi.

Edmond. Vous vous trompez, car elle m'a prouvé que Gustave ressent encore de l'amour pour vous.

Marie. Quelle dérision !

Edmond. Vous n'avez donc pas vu la figure qu'il a faite quand je lui ai proposé de prendre sa place dans votre cœur ?

Marie. Oh! C'était une proposition bien... saugrenue!

Edmond. Je vous garantis, moi, qu'en continuant à surexciter sa jalousie, nous le ramènerons à vos pieds.

Marie. Allez, allez, mon pauvre ami, tous vos efforts seront inutiles : Gustave vient de prononcer son arrêt et je suis condamnée sans appel.

Edmond. Erreur! Tenez, prenez une plume et écrivez ces quelques mots : « Mon cher monsieur Edmond, vous me demandez un entretien particulier que je vous accorde bien volontiers. Venez donc chez moi; je vous attends. »

Marie. A quoi bon ?

Edmond, *lui tendant une plume.* Ecrivez!... Cette comédie, vieille comme le monde, réussit encore très souvent.

Marie. Ce n'est pas le cas de la jouer !

Edmond. Ecrivez toujours.

Marie. Oh! si vous y tenez... (*Elle se met à la table et écrit.*)

Edmond. Là, maintenant, datez et signez!

Marie. Voilà; que comptez-vous faire de ce billet ?

Edmond. L'envoyer immédiatement à Gustave par mon domestique, avec un petit mot où je lui dirai que vous savez tout et qu'il est libre. Alors, vous verrez qu'il vous aime peut-être plus que jamais, et sans le soupçonner, ce qui arrive quelquefois.

Marie, *ironiquement.* Oui, je n'en doute pas! (*En lui serrant les mains avec effusion.*) Allons, adieu et merci, mon bon monsieur Edmond !

Edmond, *en sortant.* Il n'y a pas encore de quoi!

attendez! à bientôt!... (*On l'entend fermer la porte d'entrée.*)

SCÈNE IX

MARIE, seule.

Enfin, me voici seule! Pauvre Gustave! Il se sacrifierait, tandis que moi, j'hésiterais à le faire?... Non, pas! Est-ce sa faute si une femme plus digne de lui a pris ma place dans son cœur? Voyons, ne perdons pas une minute et agissons sans réfléchir! (*Elle sort précipitamment, puis rentre au bout d'un instant avec un réchaud plein de charbon allumé. Pendant son absence, on entend un orgue de Barbarie passer lentement sous la fenêtre et jouer la valse du second acte, jusqu'à la fin de cette scène.*) J'avais justement là ce qu'il faut, et cette chambre est si admirablement calfeutrée, que l'effet du charbon ne se fera pas attendre. (*Après avoir fermé au verrou les deux portes.*) A propos, n'oublions pas de prendre congé du monde dans les formes voulues. (*Elle s'assied à la table et écrit en se dictant :*) « En mettant fin à mes jours, je ne fais qu'aider la nature, car je souffre d'une maladie déjà ancienne et qui ne pardonne pas! » Me voici parfaitement en règle! Ah! ce que c'est que l'idée! Il me semble que je ressens déjà quelque chose... (*Tirant les rideaux de la fenêtre, ce qui cause une demi-obscurité.*) Commençons toujours par nous coucher. (*Elle s'étend sur son lit.*) Seigneur mon Dieu! (*En joignant ses mains.*) Ayez pitié de moi! (*Après un moment de recueillement et en changeant de ton.*) Adieu, mon bon voisin!... (*Avec des larmes dans la voix.*) Adieu, mon Gustave chéri! (*En envoyant des baisers avec sa main.*) Adieu! Adieu! Adieu!.. Et toi, ma mère, à tout à l'heure! (*Après un nouveau silence, se mettant tout à coup sur son séant.*) Mais, j'y songe, Gustave, si tendre, si sensible, va avoir ma mort à se reprocher; il est capable d'en devenir inconsolable. Non, non, c'est impossible; il n'en sera pas ainsi!... Décidément, je ne veux plus mourir! (*Elle retombe puis se relève plusieurs fois pour retomber toujours.*) Au secours!

à moi !... Monsieur Edmond !... Au secours ! Au secours !... Au... (*Elle retombe pour ne plus se relever. Bientôt on cherche du dehors à ouvrir les deux portes l'une après l'autre; on frappe ensuite à la porte de gauche quelques coups timides suivis aussitôt d'autres beaucoup plus forts.*)

SCÈNE X

GUSTAVE, MARIE.

Gustave, *en dehors.* Marie, c'est moi, j'ai à te parler ! Ouvre donc ! Je sais que tu n'es pas seule: Edmond m'a prévenu, ainsi... du reste, je vous ai entendus causer. Surtout, n'ajoute pas foi à ce qu'il a pu te dire ! Je t'expliquerai moi-même la vérité. (*Avec une fureur concentrée.*) Tu ne réponds rien ! Oh ! c'est trop fort ! (*Coups de poing et de pied dans la porte.*) Je finirai bien par entrer et Edmond aura affaire à moi, car je ne suis pas dupe de sa duplicité. Une fois, deux fois, trois fois, voulez-vous m'ouvrir ? Non ? Attendez ! (*D'un vigoureux coup d'épaule, il enfonce la porte à gauche et s'élance sur la scène.*) Victoire ! (*Apercevant Marie sur le lit.*) Ah ! bon, tu es en train de dormir ? A cette heure et après le tapage que je viens de faire, c'est ingénieux ! (*A part.*) Edmond doit être caché dans quelque coin, trouvons-le d'abord, mais pour cela il faut y voir clair ! (*Il ouvre les rideaux, aperçoit le réchaud et reste quelques instants la bouche béante sans proférer une parole.*) Oh ! Marie ! (*L'examinant.*) Rien, plus rien ! Elle est morte, à cause de moi ! Eh ! bien, soit ! Je suivrais ton exemple; mais avant... (*Il sort en criant :*) Au secours ! Au secours ! (*Revenant.*) Personne ! (*Il saisit la tête de Marie qu'il tient embrassée.*) Marie, Marie, réponds-moi, je t'en supplie ! Dis un mot, un seul !... (*D'un air égaré, en tombant à genoux.*) Mon Dieu, faites un miracle en ma faveur, rendez-lui la vie et je ne douterai plus jamais de vous, de votre bonté, de votre puissance !

SCÈNE XI

Les mêmes, EDMOND.

Edmond, *entrant précipitamment.* D'où vient ce vacarme?

Gustave, *se relevant et lui montrant le réchaud.* Tiens, regarde!

Edmond. Ciel!

Gustave. Voilà ton ouvrage, car si tu ne lui avais pas parlé...

Edmond. Tu te trompes : Elle avait tout appris de ta propre bouche, cachée qu'elle était là, pendant notre conversation.

Gustave. Alors, pourquoi, malgré ta promesse, es-tu si fort pressé de lui demander un rendez-vous et de m'envoyer sa réponse?

Edmond. Eh! tout cela n'était qu'une pitoyable comédie de ma part!... Mais nous sommes fous de perdre un temps si précieux! (*Ouvrant la fenêtre toute grande ainsi que la porte du fond à droite.*) De l'air! de l'air! (*Il sort en emportant le réchaud puis rentre aussitôt.*)

Gustave. Hélas! il est trop tard!...

Edmond. Allons donc!... Il n'y a pas dix minutes que j'étais encore ici avec elle! Et, grâce au courant d'air...

Gustave. Ah! mon ami, si tu disais vrai! Vite, un médecin! (*Il va pour sortir en courant et s'arrête sur le seuil de la porte de gauche.*)

SCÈNE XII

Les mêmes, DUHAMEL.

Gustave. Mon parrain! c'est le ciel qui vous envoie!

Duhamel. Qu'y a-t-il donc?

Gustave. Voyez! Marie qui s'est tuée!...

Duhamel. Morte?...

Edmond. Non, à moitié asphyxiée seulement, j'en réponds!

Duhamel, *à part, cherchant en vain à cacher ses larmes.* Grand Dieu ! Retrouver son enfant pour la perdre ainsi ! Oh ! ce serait affreux ! Quelle punition !

Edmond, *à part.* Cet homme a plus de cœur que je ne le croyais !

Gustave. Faites-lui donc quelque chose ! Donnez-lui des soins ! Quel remède connaissez-vous ?

Duhamel. Essayons tout de suite de l'insufflation de bouche à bouche ! (*Il se penche sur Marie et semble l'embrasser longuement sur la bouche.*) Eh ! mais ! (*Lui tâtant le pouls.*) Je ne me trompe pas, son pouls vient de battre !...

Gustave. Vrai ?

Edmond. Vous êtes sûr ?

Duhamel. Oui. L'air pur l'inonde de toutes parts, et, dans quelques minutes, Marie sera en état de nous répondre !...

Gustave. Ah ! s'il était possible !

Edmond. Je n'en doute pas.

Duhamel. Ni moi. Tenez, elle vient de faire un mouvement nerveux. Mes amis, pour ménager ses émotions, retirez-vous tous deux dans la pièce voisine; je vous appellerai dès qu'elle sera capable de vous revoir.

Gustave. La quitter en ce moment, je ne le puis !...

Edmond. Le docteur a raison. Viens, viens, Gustave ! (*Il l'entraîne par la porte de gauche.*)

SCÈNE XIII

DUHAMEL, MARIE.

Duhamel, *après avoir lu bas le papier laissé sur la table.* Pauvre enfant ! Ah ! enfin, la voilà qui rouvre les yeux ! Quel regard angélique !...

Marie, *après avoir soupiré plusieurs fois, puis ouvert et fermé les yeux.* Tiens, où suis-je donc ? Dans ma chambre ! Comment, ce n'est pas encore fini ? Je crois bien ! La fenêtre est toute grande ouverte ! (*Apercevant Duhamel.*) Ah !...

Duhamel. Mademoiselle... Marie !

Marie. Que me voulez-vous ? Qui êtes-vous ?
Duhamel. Le... médecin.
Marie. Je comprends alors, mais... qui vous a fait appeler ?
Duhamel. Quelqu'un qui a beaucoup d'affection pour vous.
Marie. Monsieur Edmond, mon voisin, n'est-ce pas ?
Duhamel. Lui-même. (*Montrant la porte.*) Il est là !
Marie. Qu'il entre ! J'ai toujours grand plaisir à le voir !
Duhamel, *ouvrant la porte.* Venez, monsieur de Sauvecœur !

SCÈNE XIV

Les mêmes, EDMOND.

Edmond, *restant sur le seuil de la porte.* Eh bien ! ma pauvre Marie !
Marie. Oh ! vous pouvez entrer sans crainte : L'enfant est réveillée ; elle va même, si vous le permettez, docteur, essayer de se lever un peu ?
Duhamel. Je doute que vous en ayez la force ! Voyons, donnez-moi le bras !...
Marie, *après avoir fait quelques pas au bras du docteur, s'arrêtant tout à coup.* Ah ! mon Dieu, je me sens tout étourdie !
Edmond, *la soutenant.* Elle va s'évanouir !...
Duhamel. Asseyons-la dans ce fauteuil !
Marie, *assise.* C'est drôle, comme la tête me tourne !
Edmond. Je crois bien ! Fi ! La vilaine ! au lieu d'avoir suivi mes conseils !...
Marie, *en souriant.* Que voulez-vous, je me sentais trop maladroite pour jouer la comédie ? Le drame, c'est différent !
Edmond, *ému.* Ne parlez pas ainsi !
Marie, *bas à Edmond.* Quel bonheur que je n'aie pas réussi ! Je vous dirai plus tard pourquoi ; surtout que Gustave n'en sache rien ! Il me gronderait et il aurait raison de me reprocher mon égoïsme. Je m'étais

pourtant bien enfermée dans cette chambre; comment avez-vous pu vous y introduire? Car enfin, c'est à vous ainsi qu'à monsieur que je dois ma résurrection!

EDMOND. Vous vous trompez : Ce n'est ni à M. Duhamel, ni...

MARIE, *avec effroi*. M. Duhamel! Quoi, c'est monsieur? (*A part.*) Je me disais aussi : Je connais cette figure-là!

DUHAMEL. Calmez-vous, mon enfant, et croyez que maintenant je donnerais tout au monde pour assurer votre bonheur!

MARIE, *en souriant douloureusement*. Mon bonheur!

EDMOND. Je vous le répète, Marie, ce n'est ni à monsieur, ni à moi que vous devez votre retour à la vie!

MARIE. Vraiment!... et... à qui donc?
EDMOND. Vous ne devinez pas!
MARIE, *timidement*. A lui?
EDMOND. Lui-même.
MARIE. Il est donc revenu? Que me voulait-il?
EDMOND. Parbleu! Il accourait, comme je l'avais prévu, plein de jalousie contre moi et d'amour pour vous.

MARIE. Quelle histoire!

EDMOND. Vous n'en douteriez pas, si vous aviez entendu ses cris de fureur en enfonçant cette porte et si vous aviez vu son désespoir quand il vous a trouvée là, inanimée, morte peut-être!...

DUHAMEL. Le pauvre garçon nous faisait pitié.

MARIE. Non, je ne puis vous croire; alors pourquoi n'est-il plus ici?

SCÈNE XV

LES MÊMES, GUSTAVE.

GUSTAVE, *s'élançant par la porte du fond à droite*. Marie!

MARIE. Ah! (*Elle lui saute au cou.*)

GUSTAVE, *après l'avoir embrassée, la forçant à se rasseoir et se mettant à ses genoux*. J'ai été bien coupable envers toi ; mais tu m'en as cruellement puni en me donnant cette dernière preuve d'amour !

Marie. Moi, je ne demande plus qu'une chose, c'est que tu sois heureux ; tu m'entends, Gustave, épouse bien vite celle que tu aimes.

Gustave. Celle que j'aime, c'est toi, toi seule ! Crois-moi, quand je te jure que j'ai su étouffer dans mon cœur une passion injuste, déraisonnable, née d'une surprise...

Marie. Pauvre ami, tu as peur que je renouvelle mon coup de tête ? Rassure-toi ! Je vivrai !

Edmond. A la bonne heure donc !

Gustave. Et dire que sans cet accès de fureur jalouse, qui m'a fait revenir tout de suite et enfoncer cette porte...

Marie, *l'interrompant d'un air incrédule*. S'il était vrai, pourquoi m'avoir quittée d'une minute ?

Gustave. Parce que, te sachant sauvée, j'ai couru me jeter aux pieds de ma mère, laquelle, déjà influencée par mon parrain, a bien facilement consenti à notre mariage.

Marie. Notre mariage ! Tu es fou ?

Gustave. Si tu avais vu mon excellente mère, quand j'ai fait briller à ses yeux, la perspective de notre vie en commun, avec des petits enfants !...

Marie. Des enfants ! Ah ! tais-toi ! Ce mot seul vaincrait toute résistance de ma part, tant il ferait jaillir, entre nous, de nouvelles sources de tendresse !

Edmond. Bravo ! Pour le coup, Marie, je serai votre témoin !

Marie. J'y compte bien !

Edmond. Et à ce titre, (*retirant de sa poche la petite boîte ancienne*) j'ai le droit de vous forcer à accepter ce que vous refusiez comme gage de ma reconnaissance !

Gustave. Quoi donc ?

Marie. Des bijoux historiques ! à moi !

Edmond. Acceptez-les, je vous en conjure !

Marie, *prenant la boîte*. Soit ; mais pour les rendre

à madame de Sauvecœur dès que vous suivrez notre exemple.

Edmond. C'est convenu! *(A part.)* Je réponds bien de mourir dans la peau d'un vieux garçon!

Marie. Et toi, mon bon Gustave, tu veux donc absolument me rendre aussi heureuse qu'il est possible de l'être sur cette terre?

Gustave. Oui, ma chérie!

Duhamel, *avec effusion, en les serrant dans ses bras.* Nous le voulons tous, mes enfants! (Pendant que le rideau baisse, Marie reste assise dans son fauteuil entre Duhamel et Gustave, tous deux debout et lui serrant chacun une main. Edmond la regarde en souriant et en s'appuyant sur une épaule de Gustave.

FIN DU TROISIÈME ACTE

LA VÉRITÉ

COMÉDIE EN TROIS ACTES.

PERSONNAGES

ROGER LEFÈVRE.	30 ans.
Le docteur STANISLAS ORINSKI.	35 —
Le comte LÉOPOLD CZERNY.	30 —
JEAN MAJESTÉ, valet de chambre de Roger.	35 —
LA baronne POLGAR.	45 —
CHRISTINA, sa fille.	20 —
YVONNE MORGAN, femme de chambre de la baronne.	20 —

ACTE I

Le théâtre représente un jardin : Au fond, un kiosque avec perron, devant un rideau d'arbres ; à gauche, un grand pavillon, précédé d'une large véranda, avec table, chaises, fauteuils, etc.; à droite un parterre de fleurs.

SCÈNE I

JEAN, *seul, nu-tête, en livrée moins l'habit, mais avec un tablier blanc, s'occupe sous la véranda, à ranger sur la table des verres, une carafe, un sucrier et des flacons de liqueurs.*

JEAN, *montrant le kiosque.* J'entends toujours remuer là dedans. Il faudra bien qu'on finisse par sortir, et alors... nous verrons ! *(Il tousse.)*

SCÈNE II

JEAN, YVONNE, *en costume breton, paraissant à la porte-fenêtre du kiosque, un album à la main.*

JEAN. Tiens, bonsoir, ma payse !
YVONNE. Votre payse ! Est-ce que vous êtes Breton ?
JEAN. Presque.
YVONNE. D'où ça ?
JEAN. De Versailles.
YVONNE, *riant.* De Versailles !
JEAN. N'est-ce pas la première station du chemin de fer qui, en quelques heures, vous conduit en Bretagne ?

Yvonne, *descendant par le perron.* Farceur, allez !

Jean, *courant au-devant d'elle.* Ai-je de la chance, hein ? Moi qui ne sais pas un mot d'allemand, de rencontrer à Vienne, en Autriche, une jeune et gentille compatriote ! Au fait, pourquoi donc vous trouvez-vous en service si loin de chez nous ?

Yvonne. Parce que ma maîtresse, la baronne Polgar qui, quoique Française, s'était mariée dans ce pays, possède encore, en Bretagne, un petit domaine dont mes parents sont, depuis des siècles, les fermiers, de père en fils. D'ailleurs, je suis la sœur de lait de mademoiselle Stina.

Jean. Ah ! la fille de la baronne s'appelle Stina !

Yvonne. Diminutif de Christina, qui est son petit nom.

Jean. Je comprends. Et le vôtre, sans indiscrétion ?

Yvonne. Yvonne... Morgan.

Jean, *fièrement.* Moi, je me nomme Jean Majesté ! c'est un rude nom, hein ?

Yvonne. Oui.

Jean. Si j'avais voulu le vendre, je serais peut-être riche aujourd'hui !

Yvonne. Comment cela ?

Jean. Un millionnaire, qui a horreur des distinctions sociales et qui exècre les rois, les empereurs, les tyrans, enfin tous ceux qui gouvernent, m'offrit un jour des gages magnifiques, uniquement afin de pouvoir me dire : Majesté, retire-moi mes bottes ! Majesté, va me chercher un fiacre !... mais, je n'ai pas consenti à quitter monsieur.

Yvonne. Vous avez eu raison : Il paraît si aimable, si gentil!

Jean. Je ne suis pas mécontent de lui. (*Changeant de ton.*) Ah! n'a pas qui veut un beau nom, et le mien est superbe, n'est-ce pas?

Yvonne. Assurément.

Jean. Vous plaît-il?

Yvonne. Beaucoup.

Jean. Eh ! bien, dites un mot et je serai heureux de vous l'offrir.

Yvonne. A moi? (*Haussant les épaules.*) Quelle folie!

Jean. Vrai, sans plaisanterie. A propos, avez-vous lu mon livre?

Yvonne. Certainement.

Jean. Vous a-t-il amusée?

Yvonne. Ma foi non, d'abord, je le trouve... abominable.

Jean. Oh!

Yvonne. Immoral surtout.

Jean. Pas trop.

Yvonne. Pardon. (*Tirant un livre de sa poche.*) Tenez, je vous le rends bien vite.

Jean. Merci. Qu'est-ce que vous tenez là?

Yvonne. Un album de dessins que mademoiselle m'a dit de lui remonter.

Jean. Voyons voir!

Yvonne. Du tout; vous êtes trop curieux.

Jean, *sortant de la poche de devant de son tablier un volume tout semblable à celui que lui a rendu Yvonne et qu'il y remet.* Voici le tome second.

Yvonne, *hésitant à le prendre.* Oh! je n'aime guère de pareilles lectures.

Jean. Vous avez tort, d'autant plus que ce tome-ci est ravissant et qu'il n'y a rien de.....

Yvonne, *tendant la main.* Hum!... Vous dites ça.....

Jean, *lui remettant le livre qu'elle glisse dans sa poche de gauche.* Qu'est-ce que vous me donnerez pour la peine?

Yvonne. Je n'ai rien.

Jean. Sur vous, c'est possible et encore, en cherchant bien... Ah! Apprenez-moi seulement la valse allemande! Voulez-vous que nous allions ensemble à ce grand bal public d'à côté?

Yvonne. Y pensez-vous? ma maîtresse ne me le permettrait jamais!

Jean. Dans ce cas, ne lui en demandez pas la permission!

Yvonne. Non, non, je ne fais pas de ces coups-là!

JEAN. Alors, laissez-moi vous prendre un petit baiser!

YVONNE. Par exemple, jamais!

JEAN. C'est ce que nous verrons! (*Yvonne se sauve vers le kiosque, poursuivie par Jean; elle le repousse; Jean passe sa tête au moment où Yvonne referme la porte-fenêtre et lui serre le cou entre les deux battants.*)

JEAN, *criant de toutes ses forces.* Oh! là, là, vous me faites mal!...

SCÈNE III

LES MÊMES, LE DOCTEUR, *qui arrive par le pavillon sous la véranda.*

LE DOCTEUR. Eh! bien, eh! bien, on s'étrangle par ici!...

YVONNE, *rouvrant la porte-fenêtre et sortant furieuse du kiosque.* Parce qu'il ose se permettre des choses...

JEAN, *se frottant le cou.* N'en croyez rien, monsieur le docteur, je désirais simplement l'embrasser.

YVONNE, *s'éloignant vivement par la droite.* Bonsoir! et n'y revenez pas!

SCÈNE IV

LE DOCTEUR, JEAN,

JEAN. A-t-on idée d'une fureur pareille?... c'est la petite Bretonne, la femme de chambre de notre propriétaire.

LE DOCTEUR. Elle ne paraît pas trop bien disposée à votre égard.

JEAN. Non; je croyais mes affaires plus avancées : Elle a pourtant lu mon premier volume.

LE DOCTEUR. Quel premier volume?

JEAN. Celui d'un vieux roman anglais, dont l'effet est immanquable.

LE DOCTEUR. Vous l'appelez?

JEAN. *Le moine de Lewis.*

LE DOCTEUR. Ah! je le connais.

JEAN. C'est un de mes grands moyens d'action sur

l'imagination des femmes : Une fois qu'elles ont lu le premier volume, elles tiennent à lire le second, puis le troisième; mais avant cela, je dicte mes conditions, surtout (*avec fatuité*) quand ma livrée a eu le temps de produire son effet, car je la crois... irrésistible.

Le docteur. Quel enragé !

Jean. Oh! je l'avoue, je suis sans pitié pour les femmes et je leur fais une guerre à mort.

Le docteur. Vous leur en voulez donc bien, Jean ?

Jean, *en soupirant*. Oui, certes; j'en ai gros sur le cœur contre une d'entre elles !

Le docteur. Quelle est cette femme ?

Jean. La mienne donc, ma légitime, une gaillarde qui m'en a fait voir de toutes les couleurs !

Le docteur. Ah !

Jean. Heureusement que, de son côté, mon maître m'a crânement vengé du beau sexe! c'est même ce qui m'a attaché à lui.

Le docteur. Vraiment ?

Jean. Monsieur a peut-être fait à lui seul plus de victimes qu'il n'y a de jours dans l'année.

Le docteur, *à part*. Don Juan et Leporello !

Jean. Et avec quelle grâce, quel aplomb, quelle adresse, il vous séduisait les femmes mariées, les filles, les veuves! Tout y passait; c'était merveilleux. Je n'en revenais pas, moi, au commencement, et, vous savez, sans promesses fallacieuses d'aucune sorte. Ah! par exemple, une générosité et une discrétion à toute épreuve. Il faut vous dire aussi que nous avons à Paris un hôtel très commode, car il a deux issues : On peut entrer par une porte et sortir par l'autre. Dieu de Dieu! en ai-je introduit de ces femmes voilées, qui se dévoilaient à l'intérieur et se revoilaient au départ !

Le docteur. Et tel maître, tel valet, sans doute ?

Jean. Oh! non : Je fais de mon mieux; mais les résultats sont loin de répondre à mes efforts.

Le docteur. Cependant, que diable ! quand vous compterez vos victimes, je suis sûr que leur chiffre sera considérable.

Jean. Hélas non! monsieur le docteur, je vous avouerai même que jusqu'ici mon bilan de l'année se monte à... zéro.

Le docteur. Quoi! vous n'avez pas encore un seul nom d'inscrit sur votre catalogue personnel?

Jean. Quel catalogue?

Le docteur. *Il catallogo è questo*, comme celui de don Juan, votre maître!

Jean. Mon maître? C'est M. Lefèvre.

Le docteur. Je vous parle du Don Juan de Mozart.

Jean. Ah! je ne le connais pas; est-ce qu'il habite Paris?

Le docteur. Non pas. (*A part.*) Sont-ils ignorants et surtout en musique, les Français de cette classe!

Jean. Quelle maudite engeance que les femmes! Et dire qu'on ne peut pas s'en passer! Voyez-vous, monsieur, le danger, pour nous autres hommes, étant le mariage, notre jeu est de le leur promettre, puis, après la victoire, de leur déclarer qu'on est déjà marié; alors on ne risque plus rien.

Le docteur. Au fait, vous avez peut-être raison; j'y songerai.

Jean. Ainsi, avant de m'occuper de la particulière de tout à l'heure, je me suis adressé à une autre qui n'était pas une domestique, celle-là, fi donc! Elle appartient, à ce qu'elle prétend, du moins, à une noble maison de Bohême.

Le docteur. Ah! Ah! C'est une Bohémienne?

Jean. Oui, mais de grande famille, quoique sans fortune, puisqu'elle est institutrice et sans place encore. Voilà-t-il pas que j'ai eu la bêtise de lui apprendre trop tôt que je suis marié; alors, va te promener! Elle m'a planté là, malheureusement pour elle, car je l'aurais perfectionnée sur la langue française.

Le docteur. Naturellement.

Jean. Le plus joli, c'est qu'elle déblatère contre les Français qu'elle accuse d'être des trompeurs, des séducteurs.

Le docteur. Quelle injustice! car, enfin, vous ne l'avez ni trompée, ni...

JEAN. Hélas non ! oh ! du reste, ça m'est presque égal, parce qu'elle ne me plaisait qu'à moitié.

LE DOCTEUR. Alors, pourquoi vous donner tant de peine ?

JEAN. Simple question d'art. Par exemple, la petite Bretonne, c'est différent, j'en suis réellement toqué.

LE DOCTEUR, *ne comprenant pas.* Toqué ?

JEAN. Oui, c'est un mot Parisien qui peint bien, n'est-ce pas ?

LE DOCTEUR. Très bien. Allons, allons, bonne chance ! (*Changeant de ton.*) M. Lefèvre n'est pas de retour de sa promenade à cheval ?

JEAN. Pas encore : Monsieur est au Prater (pron : Prâtre), mais voici la nuit qui approche et il ne tardera pas à rentrer. (*Le jour a baissé peu à peu.*) Tenez, qu'est-ce que je disais ?

SCÈNE V

LES MÊMES, ROGER, *une cravache à la main, arrivant par la gauche et s'asseyant aussitôt.*

ROGER. Jean, retirez-moi mes éperons ! (*Serrant la main du docteur.*) Bonsoir, docteur !

LE DOCTEUR. Bonsoir, cher ami !

ROGER. Vous m'attendez depuis longtemps ?

LE DOCTEUR. Du tout, j'arrive à l'instant. Quoi de nouveau ?

ROGER. Rien.

JEAN, *se relevant.* Voilà qui est fait !

ROGER. Bon ! prenez aussi ma cravache.

JEAN, *après l'avoir prise, et d'un air mystérieux.* Monsieur désire-t-il savoir le petit nom de la personne que... dont...

ROGER. De qui voulez-vous parler ?

JEAN. De la demoiselle d'en face, la fille de notre propriétaire ? La petite bonne me l'a dit tout à l'heure en remontant l'album de croquis.

ROGER, *d'un air indifférent.* Eh bien, ce nom, quel est-il ?

JEAN, *cherchant dans sa mémoire.* Attendez donc !

(*Avec désespoir.*) Allons bon ! voilà que je l'ai oublié !

Roger, *à part.* L'imbécile !

Jean, *se le rappelant.* Ah !... Stina.

Roger. Stina ?

Jean. Oui, monsieur; c'est le diminutif de Christina.

Roger, *négligemment.* Je ne vous demande pas tout cela !

Jean, *à part.* Non, mais il est enchanté de le savoir !

Roger. Maintenant, vous pouvez aller aider le groom à sécher et à rentrer les chevaux ?

Jean. J'y vais tout de suite. (*Revenant.*) Monsieur a-t-il besoin d'une lampe ?

Le docteur. Pour attirer les insectes ? Non pas, je m'y oppose. La lune, qui commence à se montrer, nous suffira.

SCÈNE VI

Les mêmes, *moins* Jean *qui sort par la gauche.*

Roger. A propos, qu'y a-t-il de décidé ?

Le docteur. Je pars demain pour Cracovie et viendrai vous dire adieu vers trois heures de l'après-midi.

Roger. Ah ! ce départ me contrarie. J'ai besoin de vous sentir toujours auprès de moi; sans compter que vos bons soins me manqueront.

Le docteur. Nullement. Mon absence durera à peine huit jours. (*Lui tâtant le pouls.*) D'ailleurs, vous allez à merveille; plus l'ombre de fièvre.

Roger. Vous vous trompez : j'ai celle de l'amour, qui est, pour moi, la meilleure preuve de santé. (*Voyant le docteur tirer d'une poche de sa redingote un petit flacon et le poser sur le plateau.*) Qu'est-ce que cela ?

Le docteur. Une potion calmante que j'ai fait confectionner sous mes yeux et qui aura raison, j'espère, de vos insomnies, conséquence probable de votre passion... trop exaltée.

Roger. Merci; mais d'abord causons un peu d'elle !

Le docteur. L'avez-vous rencontrée ce soir au Prater ?

Roger. Oui, par extraordinaire, car je l'y cherchais

en vain depuis plusieurs soirs et l'ai découverte aujourd'hui se promenant d'un tout autre côté du bois.

Le docteur. Ah ! ah !

Roger. J'ai fait à ces dames un beau salut, auquel elles ont répondu en poussant des petits cris d'effroi, à la vue de mon cheval Russe qui, décidément, devient dangereux. Il faut s'occuper sans cesse de lui, ce qui est insupportable.

Le docteur. Recommandez donc à Carl, votre nouveau groom allemand, de diminuer un peu l'alimentation du cheval, et surtout de le promener le matin, ce qui le rendra plus sage le soir !

Roger. Le pauvre garçon ne me paraît pas trop rassuré quand il lui faut monter Mazeppa. (*Changeant de ton tout à coup.*) Savez-vous que depuis hier je suis devenu atrocement jaloux ?

Le docteur. Jaloux ! et de qui ?

Roger. Je vous ai conté que la première fois que je vis Stina, — puisque Stina il y a ! — je me trouvais seul, attendant le retour de la baronne, sa mère, qui, aussitôt que nous fûmes tombés d'accord sur les conditions de la location de ce pavillon, était allée dans la chambre voisine chercher de quoi rédiger et signer notre petit bail.

Le docteur. Parfaitement.

Roger. J'étais donc seul, accoudé à l'une des fenêtres de son salon et regardant ce jardin, lorsque deux petites mains douces et fraîches comme de l'ivoire poli vinrent se poser délicatement sur mes yeux, pendant qu'une voix féminine des plus sympathiques prononçait en allemand quelques mots qui signifient sans doute : « Qui est-ce ? » S'apercevant aussitôt de son erreur, Stina me fit, en excellent Français, beaucoup d'excuses de la liberté grande que, par mégarde, elle venait de prendre avec un étranger. Or, depuis que je la connais, que je l'aime, je n'avais pas réfléchi qu'une pareille familiarité, puisqu'elle n'a pas de frère, dénote l'existence d'un rival.

Le docteur. Un rival !... Allons donc !...

Roger. De plus, (*prenant sur la table une lorgnette*

de théâtre et lorgnant à droite) j'ai cru apercevoir ce matin, un jeune homme à l'une des croisées de ces dames.

Le docteur. Bah !

Roger. Aussi, pour en avoir le cœur net, et comme vous me l'aviez conseillé, je me suis glissé aujourd'hui même dans ce kiosque où, par parenthèse, elle n'a pas mis les pieds depuis plus de huit jours. J'ai collé, sur la première feuille blanche de son album de croquis, mon billet doux dans lequel, à la suite d'une brûlante déclaration, je lui demande un rendez-vous, pour ce soir, dans le jardin. Or, son album lui a été remonté aujourd'hui même. Donc, j'attends !

Le docteur. Soyez tranquille, elle y viendra et vous réussirez dans cette occasion aussi sûrement et plus facilement peut-être que vous ne l'avez fait auprès de toutes vos Parisiennes.

Roger. Que voulez-vous dire ?

Le docteur, *en souriant*. Si vous êtes modeste ou discret, Jean, qui vous regarde comme le plus grand conquérant amoureux des temps modernes, m'a confié que vous pouviez vous vanter de mille prouesses galantes plus flatteuses les unes que les autres.

Roger. L'animal ! Ne l'écoutez pas ! Au reste, je vous supplie de ne pas confondre ces femmes de mon passé avec la créature adorable qui vient de m'inspirer un sentiment si pur et si différent de ceux que j'ai éprouvés auparavant. Je la respecte tant que je serais malheureux, je crois, de triompher de sa vertu !

Le docteur. Ah ! permettez, vous n'avez plus le droit de renoncer à cette conquête, car nous avons parié mille florins (argent) que vous devez me compter le jour même du succès !

Roger. Mon cher, le succès est impossible : Quelle apparence y a-t-il qu'une jeune fille bien née, élevée avec soin et qui ne doit avoir qu'une pensée, celle du mariage, aille se donner ainsi au premier venu ?...

Le docteur. Ta, ta, ta, nous sommes à Vienne, capitale de l'Autriche, la ville des plaisirs et des mœurs faciles par excellence. Or, écoutez-moi : Si les Angloises s'amusent parfois avant leur mariage et les Françaises après, les Viennoises s'amusent d'ordinaire avant, pendant et après!

Roger. Diable! vous arrangez bien vos compatriotes!

Le docteur. Moi! je ne suis pas Allemand; je suis Polonais, c'est-à-dire aussi Français que vous!

Roger. Enfin, nous verrons comment se terminera cette campagne amoureuse! Certes, je ne m'avoue pas vaincu d'avance, puisque rien n'est encore venu me décourager; cependant, pour la première fois de ma vie, j'en conviens, j'éprouve des scrupules. Dieu! je voudrais que vous vissiez sa physionomie ouverte et candide tout à la fois; ses traits si fins, sa bouche d'une fraîcheur... enfin, sur l'aile droite du nez, il existe un grain de beauté qui donne à toute sa figure un piquant...

Le docteur. Sur l'aile droite du nez, dites-vous? Attendez! voulez-vous que je vous initie aux mystères de la science?

Roger. Sans doute.

Le docteur. Eh! bien, Lavater, l'inventeur de la physiognomonie, prétend que chaque signe du visage a son correspondant sur une autre partie du corps. Ainsi, celui que vous signalez sur l'aile droite du nez, doit, si je ne me trompe, se reproduire sur la partie inférieure du sein gauche.

Roger. Vraiment?

Le docteur. Tâchez d'en acquérir la preuve!

Roger, *riant*. Je n'y manquerai pas; mais je ne crois guère à ces systèmes.

Le docteur. Moi non plus. (*Lui tendant la main.*) Sur ce, mon bon ami, il est près de minuit; je tombe de lassitude, adieu! Ah! un instant, et notre potion!

Roger. Je la prendrai tout à l'heure, en me couchant, après avoir humé encore un peu l'air frais de cette belle nuit d'été!

Le docteur. Non pas; je tiens à ce que vous l'avaliez devant moi.

ROGER. Soit! Voici sur ce plateau un verre et une cuiller.

LE DOCTEUR, *en versant la potion dans un verre.* Tenez, buvez-moi ça!

ROGER, *après avoir bu.* Oh! que c'est fort et amer!...

LE DOCTEUR. Maintenant, vous allez jouir d'un sommeil délicieux.

ROGER. Que le ciel vous entende!

LE DOCTEUR. Allons, adieu et à demain vers trois heures.

ROGER, *lui serrant la main.* Bonne nuit et merci! (*Le docteur sort par la gauche.*)

SCÈNE VII

ROGER, *seul. Il s'étend dans un fauteuil et fixe ses regards sur la droite du théâtre.*

Tout est sombre de ce côté; pas une lumière dans l'appartement de Stina, dont chaque persienne semble fermée avec soin. Descendra-t-elle au jardin? Non, il faudrait être fou pour en admettre la possibilité! Elle dort sans doute depuis longtemps et se garde bien de songer à moi! Bonsoir, cher ange! Stina, ma belle Stina! mon amour! Stina!... Stina!... (*Il s'endort en prononçant encore plusieurs fois ce nom. La lune, voilée par un nuage, éclaire bientôt tout le jardin et, jusqu'à la fin de cet acte, l'orchestre (intérieur ou extérieur) joue en sourdine l'air des Jinns, dans l'opéra d'Auber:* « *Le premier jour de bonheur.* »

SCÈNE VIII

ROGER, *endormi,* STINA, *vêtue de blanc et la tête couverte d'un voile noir, à l'espagnole, arrive par la droite. Elle passe et repasse dans le fond en lançant chaque fois un regard du côté de la véranda.*

ROGER, *toujours endormi.* Stina! Stina!

STINA, *s'arrêtant.* Qui m'appelle?

ROGER. *Se réveillant en sursaut et se levant.* On vient!... que vois-je?... (*S'élançant au-devant de Stina.*) Mademoiselle! Un mot! De grâce!

Stina. Parlez ! je vous écoute.

Roger. Votre cœur est-il encore libre ?

Stina. C'est selon.

Roger. Enfin, me permettrez-vous de vous dire que je vous adore ?

Stina, *baissant la tête*. Oui, si vous êtes sincère.

Roger. O bonheur ! (*Lui saisissant une main.*) Tenez, je tremble d'émotion.

Stina, *avec joie*. C'est vrai !...

Roger. Ainsi donc, en échange de ma passion si exclusive, si absorbante, vous auriez conçu quelque sympathie pour moi ?

Stina, *tendrement*. J'avoue que je me suis laissé toucher par vos attentions délicates, par vos regards langoureux, par vos poursuites obstinées.

Roger. Stina, ma belle Stina ! (*La serrant dans ses bras.*) Tu ne sauras jamais quelle ivresse me causent ta vue, le son de ta voix, la pression de cette main divine ! (*Il la lui baise avec frénésie.*)

Stina, *s'animant*. Et moi, je ne vous cacherai pas que votre image me poursuit sans cesse et que je lutterais en vain désormais contre une impression qu'aucune puissance au monde ne pourrait plus effacer!

Roger. Ah ! Je reste ébloui, fasciné ! Quel doux parfum s'élève de tout ton être ! (*Tombant à genoux.*) Tiens, je voudrais mourir à tes pieds, tant je me sens heureux en ce moment ! Dieu ! quelle extase !...

Stina. Mourir ! Et pourquoi, mon ami ? Ne vaut-il pas mieux vivre, pour réaliser le beau rêve que nous formons d'être l'un à l'autre ?

Roger. En effet : l'existence peut ainsi devenir pour nous le paradis sur la terre !...(*Se taisant un moment.*) D'où vient ce bruit?... Ne serions-nous pas seuls dans le jardin ?

Stina. Ciel ! Que me dites-vous là ?

Roger. Je crois avoir entendu marcher ici près.

Stina. Oh ! Je serais perdue si l'on me surprenait avec vous ! Où fuir ! Où me cacher ?

Roger. Entrez dans ce kiosque pour quelques instants !

STINA. Oui, vous avez raison ! (*Elle s'élance sur le perron et disparaît dans le kiosque en refermant sur elle la porte-fenêtre.*)

SCÈNE IX

ROGER, *seul, écoutant puis regardant de tous côtés.*

Je ne vois personne et n'entends plus rien ! Me serais-je trompé ? Allons la rassurer et protéger sa fuite, ou plutôt... (*Après un moment d'hésitation.*) Non ; elle se trouve en mon pouvoir... La passion m'aveugle ! Mes sens, trop longtemps assoupis, se réveillent avec une fureur irrésistible ! Tous mes scrupules s'évanouissent devant cette occasion trop belle pour que je la laisse échapper ! Le sort en est jeté ! Advienne que pourra ! (*Il s'élance dans le kiosque. La toile tombe.*)

FIN DU PREMIER ACTE.

ACTE II

Même décor qu'au premier acte.

SCÈNE I

ROGER, *seul, se promenant avec agitation, puis s'arrêtant pour regarder à droite, dans le jardin.*

Elle m'avait promis de revenir au kiosque à deux heures et (*tirant sa montre*) il en est plus de trois ! Ah ! je suis d'une inquiétude mortelle ! Est-ce que sa rentrée au bercail aurait trahi son absence nocturne ? Espérons que non ! Pauvre enfant !... Avec quelle éloquence persuasive elle m'exprimait sa passion ! Comme elle a bien su me la prouver ! quel feu ! quel..... mon Dieu ! s'il me fallait la perdre maintenant ! Oh ! j'en mourrais !... (*Avec désespoir.*) Certainement, il lui sera arrivé quelque accident !...

SCÈNE II

ROGER, LE DOCTEUR, *entrant par le fond à gauche, un petit sac de nuit à la main et un paletot sur le bras qu'il dépose tous deux sur un meuble de la véranda.*

LE DOCTEUR. Me voici !

ROGER, *lui serrant une main et, sans la lâcher, le regardant d'un air singulier.* Ah ! Docteur !...

LE DOCTEUR, *étonné.* Quoi ? Y aurait-il du nouveau ?

ROGER. Vous avez gagné votre pari, mon cher !

LE DOCTEUR, Déjà ? Eh ! bien, qu'est-ce que je vous disais des Viennoises ?

ROGER. Celle-ci réalise enfin et au delà mon idéal féminin !

LE DOCTEUR. Oui-dà !... Asseyons-nous et contez-moi cela !

ROGER, *bas.* La nuit venue, et quand toutes les lumières furent éteintes, Stina descendit au jardin où, naturellement, je l'arrêtai au passage. (*Montrant l'allée du fond.*) là, puis...

SCÈNE III

LES MÊMES, JEAN, *accourant par le premier plan, à gauche.*

JEAN. Monsieur le docteur, on rapporte le groom sur un brancard !

ROGER, *se levant.* Que lui est-il arrivé ?

JEAN. Le cheval noir qu'il promenait, selon l'ordre de monsieur, l'a jeté par terre et s'est emballé ; on craint que Carl n'ait un membre de cassé.

ROGER. Ah ! mon Dieu !

JEAN. Et si monsieur le docteur veut bien venir le visiter ?

LE DOCTEUR, *sans se presser.* Tout de suite.

ROGER. Courons ! où est-il ?

JEAN. On l'a étendu sur de la paille dans la sellerie. Quant au cheval qui a été arrêté sur les bords du Danube, nous l'avons déjà rentré à l'écurie. Faut-il donner quelque chose aux deux hommes qui l'ont ramené ?

ROGER. Sans doute. J'y vais moi-même; venez, docteur!

LE DOCTEUR. Je vous suis. (*Roger disparaît dans le pavillon, ainsi que le docteur.*)

SCÈNE IV

JEAN. *Une fois seul, Jean remet son chapeau galonné sur sa tête, s'assied et se verse un verre de liqueur qu'il avale d'un trait.*

Ah! j'avais besoin de ça pour me remettre de mes émotions!... Pourvu qu'on n'aille pas me charger de remplacer cet imbécile!... D'abord, je n'aime pas les chevaux, moi, surtout ce nouveau-là, qui mord, rue et... ne s'emporte que mieux ; ensuite, que diable! un valet de chambre ne doit pas sortir de son service. Or, le mien est assez rude pour le moment. (*Il bâille et se verse un second verre de liqueur qu'il boit encore d'un seul coup.*) Décidément, je suis trop nerveux, trop sensible pour aimer à voir souffrir mes semblables! Je parie que si Carl a seulement une jambe ou un bras de cassé, il va pousser des hurlements que l'on entendra d'ici! (*Changeant de ton en regardant à droite.*) Tiens, tiens, tiens. (*Se levant.*)

SCÈNE V

JEAN, YVONNE, *arrivant par le fond à droite; elle porte un balais et un plumeau.*

YVONNE. Osez-vous bien me parler après la scène d'hier?

JEAN. Tout de même. Quel bon vent vous amène ici à cette heure du jour?

YVONNE, *après quelque hésitation.* Madame passe la journée à faire des emplettes avec sa fille, et je vais profiter de leur absence pour nettoyer l'atelier.

JEAN. Vous l'avez balayé hier soir?

YVONNE. Oh! pas à fond.

JEAN, *à part.* C'est pour moi qu'elle vient ! (*Haut.*) Pourquoi donc, mademoiselle Yvonne, êtes-vous de plus en plus gentille, à mes yeux du moins?

Yvonne. Allez-vous bientôt cesser vos bêtises? (*tirant un livre de sa poche.*) Tenez, voici votre livre!

Jean. Déjà lu?

Yvonne. Oui.

Jean. Eh bien! qu'en dites-vous?

Yvonne. Il est joliment joli, celui-là!

Jean. N'est-ce pas? (*à part.*) V'là que ça mord!

Yvonne. Oh! voyez-vous, quand la nonne sanglante monte dans la chaise de poste d'Alphonso et se fait enlever à la place d'Agnès, j'ai cru que je deviendrais folle de terreur. Dieu! que c'est beau! Je vous en prie, prêtez-moi le troisième et dernier volume!

Jean. Je ne l'ai pas sur moi; il est dans ma chambre.

Yvonne. Allez vite le chercher! vous me retrouverez ici, ou plutôt, tenez, posez-le sur l'escalier du kiosque!

Jean, *à part*. Bon! voilà le moment de régler nos comptes. (*Haut*). Oui, mais vous savez? donnant, donnant!

Yvonne. Qu'est-ce que ça veut dire?

Jean. Que si je vous fais lire des romans aussi intéressants, — et j'en ai encore d'autres du même genre, — il faut vous montrer un peu moins ingrate, moins inhumaine envers moi.

Yvonne. Vous vous trompez: je suis au contraire très reconnaissante de votre complaisance.

Jean. Laissez-donc! Vous n'êtes pas sans voir que je meurs d'amour pour vous!

Yvonne. Pour moi?

Jean. Et vous faites celle qui ne s'en aperçoit seulement pas ou du moins qui ne s'en inquiète guère.

Yvonne. Dame, je n'y peux rien.

Jean. Oh! la sans-cœur! mais, au contraire, vous y pouvez beaucoup, vous y pouvez tout, puisque, pour me guérir, vous n'avez qu'à m'accorder... (*la voyant furieuse*) votre main!

Yvonne, *gracieusement*. Ma main? Quoi! vous y songez sérieusement?

JEAN. Très sérieusement; je grille de la posséder avec toutes ses dépendances.

YVONNE, *émue.* Écoutez, franchement, monsieur Jean...

JEAN. Appelez-moi Majesté: ça fait mieux dans le paysage!

YVONNE. Quel paysage?

JEAN, *à part, en riant.* Oh! mes amis, quelle candeur!

YVONNE. Eh! bien, monsieur Majesté, si vous êtes réellement disposé... j'en parlerai à la baronne; j'écrirai à ma famille; je réfléchirai enfin; mais prêtez-moi toujours le livre!

JEAN. C'est ça, et puis une fois que vous l'aurez lu, vous me le rendrez tout sec! non, non, hier vous m'avez fait mal, regardez, j'ai le cou écorché!

YVONNE. C'est de votre faute.

JEAN. De ma faute?... parce que je voulais vous prendre un méchant baiser que je vous ai vue donner à un chien.

YVONNE. Un chien n'est pas un homme!

JEAN. Vraiment? Eh! bien, tant pis! vous allez me traiter comme un chien, sinon vous n'aurez pas mon livre.

YVONNE. Alors je m'en passerai, car certainement e n'accorderai jamais qu'à mon mari ce que vous osez me demander.

JEAN, *à part.* A la bonne heure donc! V'là de la vertu ou je ne m'y connais pas. (*Haut, en la saisissant par un bras.*) N'importe, il faut absolument que je me venge de l'aventure d'hier et vous allez me céder à l'instant!

YVONNE, *se débattant.* Finissez ou j'appelle! (*Criant.*) Monsieur Jean, si vous ne me lâchez pas, je... (*Tout à coup, au moment où Jean va réussir à l'embrasser, elle donne un grand coup de poing sur son chapeau galonné et le lui enfonce sur la figure.*)

JEAN. Oh! c'est trop fort!... (*Il essaie de retirer d'une main son chapeau sans pouvoir y parvenir, puis lâche Yvonne qui se sauve par le fond du jardin, à droite.*)

SCÈNE VI

JEAN, *seul, s'efforçant en vain de retirer son chapeau.*

J'étouffe, ma parole !...

SCÈNE VII

JEAN, Le comte LÉOPOLD CZERNY, *arrivant par le premier plan, à droite.*

Léopold, *à part.* Ah ! voici un domestique ! (*Haut.*) Dites moi !...

Jean. Aidez-moi donc au moins !...

Léopold, *à part.* Qu'y a-t-il ?

Jean. Maintenez-le seulement bien droit et tirez-le doucement pour empêcher la coiffe de se retourner sur ma figure !...

Léopold, *à part.* Voyons, il ne faut négliger aucune occasion d'obliger son prochain ! (*Il retire le chapeau avec précaution, tandis que Jean maintient la coiffe dans le fond du chapeau. A peine ce dernier se sent-il délivré qu'il saisit un des bras du comte.*)

Jean. Maintenant à nous deux ! (*Apercevant le comte.*) Ah ! pardon, monsieur, je croyais avoir affaire à une bonne de la maison qui m'a fait une farce et dont je voulais me venger.

Léopold. Comment cela ?

Jean. En l'épousant... (*A part, en fermant un œil*) de la main gauche.

Léopold. Oh ! Si c'est pour le bon motif que...

Jean. Le bon motif !... pas si bête !... d'ailleurs, je suis déjà marié, ainsi... non, je préludais à la grande bataille par de simples petites escarmouches.

Léopold. Ah ! Ah ! C'est différent !... (*Avec fierté.*) Dites-moi, c'est ici que demeure M. Roger Lefèvre ?

Jean. Parfaitement.

Léopold. Serait-il sorti ?

Jean. Pas encore : Monsieur est avec son médecin auprès du groom qui vient de faire une chute de cheval.

Léopold. Une chute grave ?

Jean. J'espère que non.

Léopold, *tirant son portefeuille.* Tenez, vous allez remettre ma carte à votre maître en lui disant que je l'attends ici, mais ne suis nullement pressé.

Jean. J'y vais à l'instant. (*A part.*) A-t-on jamais vu? Un peu plus j'embrassais ce monsieur. Ah! mademoiselle Yvonne, ça se gâte furieusement entre nous! (*Il sort par le premier plan, à gauche.*)

SCÈNE VIII

LÉOPOLD, *seul, s'asseyant et allumant un cigare.*

Quel événement singulier! Je mets le nez à ma fenêtre et j'aperçois, assis sous cette véranda, qui? Roger Lefèvre, le gai compagnon de mes folies Parisiennes. Que de plaisir je vais avoir à causer avec lui du passé, du présent et de l'avenir! car je ne doute pas qu'il y ait du nouveau de son côté, comme il y en a du mien. (*Écoutant.*) Le voilà! je reconnais ses pas! (*Se levant.*) Roger! C'est bien lui! ce bon ami!

SCÈNE IX

LÉOPOLD, ROGER, *revenant par le pavillon.*

Roger. Mon brave Léopold! (*Ils s'embrassent, puis se serrent longuement les mains.*)

Léopold. Quelle charmante surprise! hein? se revoir après trois années de séparation!

Roger. Bien entendu, mon cher, en venant à Vienne et en y faisant un séjour qui n'est pas près de finir, car je m'y plais extrêmement,

Léopold. Vrai? Tant mieux!

Roger. Je comptais vous écrire pour vous annoncer ma présence ici. Certes, j'étais résolu à ne pas retourner en France avant de vous avoir fait une petite visite dans vos domaines de Hongrie!

Léopold. Où je serai si content de vous recevoir et de vous rendre la centième partie des politesses que j'ai reçues de vous.

Roger. Vous vous moquez! Ah! ça, comment avez-vous su que j'étais à Vienne et vous y êtes-vous surtout procuré mon adresse?

Léopold. De la façon la plus originale!... Je vous conterai cela tout à l'heure; mais d'abord, parlez-moi de vous et de nos amis des deux sexes, car la vie que nous avons menée ensemble à Paris, me laissera les plus précieux souvenirs de ma jeunesse!

Roger. Rien de changé là-bas; et vous-même, pourquoi vous trouvez-vous en cette saison à Vienne, où vous prétendiez ne venir que très rarement?

Léopold, *en souriant.* Voyons, après m'avoir regardé attentivement, tâchez de deviner le motif important qui m'y amène et qui m'y retiendra quelque temps encore!

Roger, *après un moment de réflexion.* Je ne devine pas.

Léopold. Mon cher ami, je vais me marier!

Roger. Allons donc!

Léopold. Mon Dieu oui, j'épouse une cousine.

Roger. Riche et belle, sans doute, et dont vous êtes amoureux-fou?

Léopold. Pas précisément. J'ai pour elle beaucoup d'estime et d'affection; voilà tout.

Roger. Tant pis, morbleu! car je suis sûr que votre cousine vous adore, elle?

Léopold. Franchement, je le crois.

Roger. Bravo! je vous en fais mon sincère compliment.

SCÈNE X

Les mêmes, Le DOCTEUR, *revenant par le premier plan à gauche.*

Roger. Eh bien! quelles nouvelles?

Le docteur. Fort rassurantes.

Roger. Ah! j'en suis ravi. Permettez-moi, messieurs, de vous présenter l'un à l'autre : M. le docteur Stanislas Orinski! M. le comte Léopold Czerny! (*Après les salutations qu'ont échangées les deux jeunes gens.*) Ainsi, cet accident?...

Le docteur. N'aura pas de suites fâcheuses : Aucun membre de cassé. Notre homme a seulement une assez forte contusion à la jambe droite. Le voici bien installé dans son lit; j'ai fait un premier petit pansement que l'on renouvellera suivant mes instructions. Bref, rien que du repos jusqu'à mon retour.

Roger. Bon ! merci. Mon cher Léopold, je vous prie de considérer le docteur Orinski comme mon véritable sauveur !

Léopold. Votre sauveur ?

Roger. Oui, vraiment, j'ai été très malade.

Le docteur. Quelle exagération !

Léopold. Recevez, monsieur le docteur, mes plus vifs remerciements : Vous avez rendu un service signalé à moi et à la société entière, car Roger est l'un des plus charmants garçons de France, c'est-à-dire d'Europe !

Le docteur. Monsieur le comte, je partage tout à fait votre opinion sur un homme qui, depuis le peu de temps que je le connais, m'a inspiré une amitié fraternelle.

Roger. Et réciproque. Imaginez-vous, Léopold, que j'avais, depuis près de six mois, la plus affreuse des maladies : Le spleen !

Léopold. Le spleen, chez un Parisien, c'est inadmissible !

Roger. Indépendamment de l'estomac qui ne fonctionnait plus, du sommeil qui me fuyait totalement, j'éprouvais un dégoût insurmontable de tout, de tous et de toutes !

Léopold. De toutes ? vous étiez bien malade alors. Et qu'est-ce qui avait pu causer ces désordres extraordinaires ?

Roger. Evidemment mes excès de tous genres.

Le docteur. Voilà ce que c'est que de se trouver, trop jeune et sans famille, à la tête d'une fortune considérable.

Léopold. Assurément.

Roger. Enfin, après un voyage de deux mois en

Italie, lequel me fit plus de mal que de bien, et malgré une sagesse exemplaire...

Léopold. Hum ! j'en doute.

Roger. Oh ! exemplaire, je le jure !

Léopold. A la bonne heure, car le gaillard résiste difficilement aux nombreuses passions qu'il inspire !

Le docteur. Je le sais.

Roger. Pas par moi toujours !... Donc, j'en étais arrivé à croire qu'il ne me restait plus qu'à mourir de langueur, lorsque j'eus la chance de rencontrer ce cher docteur dans le chemin de fer de Trieste à Vienne. Il venait de faire, en qualité d'aide chirurgien, un voyage de circumnavigation, ce qui lui avait permis de compléter ses études médicales et de rapporter, de l'Inde ainsi que de la Chine, des remèdes nouveaux, merveilleux, mis au service d'une intelligence, d'une raison, d'une prudence admirables.

Le docteur. Assez, assez !...

Roger. Non, jamais assez sous ce rapport, tant je suis sûr que c'est à vos lumières exceptionnelles et au charme de notre vie en commun que je dois ma guérison.

Le docteur. Quant à cette dernière condition, je le veux bien.

Roger, *à Léopold*. Sans cesse à mes côtés, il réglait et dirigeait ma vie à sa guise : Je n'avais plus le droit de fumer cet éternel cigare renaissant toujours de ses cendres. Je passais ma journée entière à respirer le bon air ; je me levais tard et me couchais tôt. Ce fut lui qui décida que j'habiterais ce magnifique quartier de la Léopoldstadt ; lui qui m'y découvrit à deux pas du Prater, ce délicieux pavillon meublé, en plein midi, avec écurie et remise, car l'exercice du cheval faisait partie de mon régime ; ce fut lui enfin qui me ménagea le droit de promenade dans ce jardin, dont la propriétaire tenait à se réserver la jouissance exclusive. Bref, si j'oublie quelque chose de son rôle tout de dévouement, qu'importe ? Puisque ma reconnaissance ne peut plus grandir, quand je me souviens qu'il m'a soigné, veillé, gâté comme une mère seule sait soigner, veiller, gâter son enfant bien-aimé!

Léopold, *serrant la main au docteur.* Grâces vous en soient rendues, monsieur le docteur!

Le docteur. Je vous remercie moi-même de vos remerciements, monsieur le comte, et vous laisse à penser si notre ami, dont vous connaissez la générosité, l'abandon chevaleresque, m'a donné des marques précieuses de sa gratitude!... Mais... pardon!... (*Regardant à sa montre.*) Il faut que je coure au chemin de fer! (*Bas à Roger en le prenant à part.*) Vite, donnez-moi quelques détails sur votre aventure nocturne!...

Roger, *de même avec hésitation, en montrant Léopold.* Impossible devant lui! (*Haut.*) A propos, Lavater avait raison.

Le docteur. Bah?

Roger. Ma parole!

Léopold. Je vois, messieurs, que vous avez à causer : Ne vous gênez pas; je vais finir mon cigare en me promenant.

Roger. Non pas, mon cher; je n'ai rien à dire au docteur, sinon qu'il va se mettre en voyage et que c'est le moment d'acquitter ma dette envers lui.

Le docteur. Quelle dette?

Roger. Le pari que j'ai perdu.

Le docteur. Allons donc! ce n'est pas sérieux.

Roger. Si fait, si fait! c'est mille florins (argent) que je vous dois et que je tiens à vous remettre immédiatement.

Le docteur. Je n'en veux pas! je ne les ai pas gagnés!

Roger. Par exemple! Je prends Léopold pour juge.

Le docteur, *bas.* Silence! je vous en supplie!

Roger, *de même.* Je ne nommerai personne, ne craignez rien! (*Au comte.*) Voici le fait : Le docteur a eu assez de confiance dans ma loyauté et surtout dans mes moyens de séduction, pour parier avec moi mille florins que je réussirais, en moins d'un mois, auprès d'une jeune fille de bonne famille, dont je suis follement épris. Or, la vérité m'oblige à reconnaître qu'elle-même a passé ici une partie de la nuit dernière.

Léopold. Comment? avec l'autorisation de la faculté?

Roger. Mon Dieu, oui! Et je vous prie de croire que le docteur a complètement gagné son pari.

Léopold, *à Roger*. Je n'en doute pas : Heureux coquin!

Le docteur, *gaiement*. Permettez, comme je n'aurais pas pu vous payer si j'avais gagné...

Léopold. Oh! il n'importe!...

Roger, *tirant un rouleau de sa poche*. Tenez, mon cher, voici la somme en ducats!

Le docteur, *reprenant son sac de nuit et son paletot*. Non, non, adieu, messieurs.

Roger, *le retenant encore*. Stanislas, je vous en prie!

Le docteur. Du tout; je vous prouverai, quand j'en aurai le temps, que vous ne me devez rien : J'ai triché, là!

Roger. Quelle plaisanterie!...

Léopold. C'eût été impossible!

Le docteur. Si vraiment. (*A Roger.*) Je vous écrirai de Cracovie, et vous en donnerai l'explication. Là-dessus, je me sauve! (*Bas à Roger.*) Encore une fois, je vous en conjure, prudence et discrétion!

Roger. Soyez donc tranquille!

Le docteur, *en lui serrant la main*. Adieu!

Roger. Adieu et bon voyage!

Le docteur. Merci! (*S'inclinant devant Léopold.*) Monsieur le comte, au revoir, j'espère!

Léopold, *en lui serrant la main*. A bientôt, docteur! (*Le docteur sort par la gauche en courant.*)

SCÈNE XI

ROGER, LÉOPOLD.

Léopold. Ah! ça, parlez-moi donc un peu de cette nouvelle conquête!

Roger. Je m'en garderai bien!... Malgré l'état

d'exaltation où vous me voyez, j'aurai la force de me taire. Tout ce que je puis vous dire, c'est que jamais je n'ai rencontré de jeune fille plus candide et en même temps plus intelligente et plus passionnée !

Léopold, *étonné.* Cependant...

Roger. Quant à ses beautés visibles ou cachées, (*Avec enthousiasme.*) Ah! leur souvenir seul me cause un enivrement... délicieux! Mais, plus un mot là-dessus, n'est-ce pas? causons de vous, de votre fiancée!

Léopold, *en soupirant.* Soit! Sachez donc que mon oncle maternel, magnat de Hongrie, avait épousé une jeune Française, dont la noble famille s'était fixée en Autriche, après votre Révolution de 1830. Quique je fusse orphelin et dans une position relativement modeste, ces excellents parents eurent la générosité de me fiancer à leur fille. Or, ils comptaient alors parmi les plus riches seigneurs du royaume, et possédaient un magnifique palais à Buda.

Roger. Peste!

Léopold, *en riant.* Oui, à Buda-Pesth. J'ajouterai que mon pauvre oncle, aussi prodigue de dévouement, de confiance et d'humanité que d'autres s'en montrent avares, avait toutes les qualités qui ruinent et aucun des défauts qui enrichissent. Avec un peu d'économie, il eût laissé à sa famille une fortune considérable; au lieu de cela, il finit, une fois nommé président de la Chambre des magnats, par se laisser mettre à la tête d'une foule d'œuvres patriotiques, d'institutions charitables, où s'engloutit la presque totalité de son immense fortune.

Roger. Mais alors, si sa fille ne vous inspire pas un amour réel, pourquoi l'épousez-vous ?

Léopold. Parce que ma tante est aujourd'hui veuve, relativement ruinée, et que je suis trop riche moi-même pour pouvoir reculer.

Roger. Je comprends cela et vous approuve.

Léopold. Du reste, vous la connaissez; c'est votre propriétaire.

Roger. Comment?... Votre tante serait...

Léopold. La baronne Polgar qui, en apprenant que

nous sommes liés intimement, m'a chargé de vous inviter à venir passer la soirée chez elle, quand vous n'aurez rien de mieux à faire.

Roger. J'irai ce soir même la remercier. (*S'essuyant le front.*) Oh ! C'est inouï !

Léopold. N'est-ce pas ? (*Montrant la droite.*) De ma fenêtre, je vous ai aperçu tout à l'heure sous cette véranda. Vous jugez de ma surprise, de ma joie, et je suis accouru. Vous avez dû aussi rencontrer ma cousine qui traverse souvent le jardin pour venir peindre ou faire de la musique dans ce kiosque.

Roger, *de plus en plus troublé.* Oui... non... si... Oh ! je n'en reviens pas !

Léopold. En effet : Cette coïncidence est des plus étranges.

Roger, *vivement, en lui saisissant un bras.* Votre cousine n'a-t-elle pas une sœur ?

Léopold. Non, elle est fille unique.

Roger. Et quand devez-vous l'épouser ?

Léopold. Dans une huitaine de jours.

Roger. Vous en êtes bien sûr ?

Léopold. Certainement. Votre doute est pour le moins singulier !

Roger. Les mariages manquent quelquefois et... au dernier moment. Qu'y aurait-il d'étonnant à ce que l'un de vous deux changeât d'avis ?

Léopold. Rien ; seulement, comme ce matin même j'en ai causé avec ma cousine et que je la sais plus que jamais dans les mêmes intentions...

Roger, *avec découragement.* Ah ! (*A part.*) Elle m'a donc trompé ? Elle ne m'aime donc pas ? Oser se marier après ce qui vient de se passer entre nous !... Oh ! c'est incroyable !

Léopold. Quant à moi, je suis incapable de retirer ma parole ; mais pourquoi toutes ces questions ? Décidément, vous semblez incrédule à l'endroit de mon mariage !

Roger, *se calmant un peu.* Nullement. (*Comme frappé subitement d'une idée lumineuse.*) Pourtant, dites-moi, s'il venait à se rompre ?

ACTE II, SCÈNE XI

LÉOPOLD. Par la faute de ma cousine ?

ROGER. Oui ; en seriez-vous... très fâché ?

LÉOPOLD. Ma foi ! dans ce cas, je m'en consolerais peut-être assez facilement.

ROGER. Eh bien !...

LÉOPOLD. Quoi ?

ROGER. Rien.

LÉOPOLD. Allons, je vois que, pour chasser tous vos doutes, il me faudra vous prier de me servir de témoin, ce que je fais positivement.

ROGER. Moi, votre témoin !... Oh ! je ne pourrais pas !

LÉOPOLD, *blessé*. Pour quel motif ? Vous m'avez déclaré que vous ne songez pas à quitter Vienne de longtemps.

ROGER, *de plus en plus agité, en se levant*. Oui, mais... (*A part.*) Hélas ! je ne me sens plus la force de me taire ! (*Haut.*) Léopold ! (*Silence.*)

LÉOPOLD. Hein ?

ROGER, *d'un ton solennel*. Que penseriez-vous de moi si je vous empêchais d'être trahi ?

LÉOPOLD, *redevenant sérieux*. Je penserais que vous êtes mon ami véritable.

ROGER. Et si, en le faisant, je commettais l'action la plus vile, la plus lâche ?

LÉOPOLD. Je le penserais à plus forte raison.

ROGER. Me jurez-vous de ne répéter à personne ce que je vais vous confier ?

LÉOPOLD. Sans doute...

ROGER, *après un nouveau silence*. Non, c'est impossible ! Je n'oserai jamais !...

LÉOPOLD. Pourquoi ? Parlez, que craignez-vous ?

ROGER, *à part*. Au fait, puisque je me sens capable de tout plutôt que de la perdre !...

LÉOPOLD. Eh ! bien ?

ROGER. Eh ! bien... Apprenez donc que la jeune fille qui a passé ici une partie de la nuit dernière, c'est...

LÉOPOLD. C'est ?

ROGER. Votre cousine !

LÉOPOLD, *se fâchant*. Oh ! mon cher Roger, voilà

une... charge qui n'a rien de drôle et qui n'est pas digne de vous !...

Roger, *vivement.* Je suis prêt à vous prouver ce que j'avance !

Léopold. Inutile ! Je n'en croirai jamais rien : (*En souriant.*) Vous voulez me faire poser ; n'est-ce pas le mot ?

Roger, *haletant.* Pardon, écoutez-moi : La première fois que je vis votre cousine, j'en tombai éperdûment amoureux et ne négligeai plus rien pour lui dévoiler la violence de mes sentiments. Toujours ici, comme à l'affût, je me tenais armé de cette excellente lorgnette, surveillant ses moindres mouvements, attendant des heures entières pour l'apercevoir une seconde, osant même parfois passer et repasser sous sa croisée. Descendait-elle au jardin, j'accourais pour échanger quelques paroles de politesse et la remercier de l'intérêt qu'elle daignait prendre à ma santé ; fuyait-elle dans ce kiosque la chaleur accablante du jour, je guettais sa sortie et applaudissais discrètement dès qu'elle avait cessé de chanter ; enfin, le soir, au Prater, pendant ma promenade à cheval, je savais découvrir la mère et la fille pour leur faire mon plus gracieux salut. Partout votre cousine me trouvait sur son chemin, la dévorant des yeux et lui donnant à entendre ce que j'éprouverais de bonheur si jamais elle partageait ma passion.

Léopold, *gravement.* Ensuite ?

Roger. Je dois reconnaître que, après avoir paru encourager mes avances, elle changea tout à coup de conduite, en cessant de tenir ouverte la fenêtre de sa chambre et de s'y montrer ; en ne se rendant plus au kiosque, dans le jour, et au Prater, le soir, du côté surtout où nous avions coutume de nous rencontrer. Hier, las de rester plus longtemps dans l'incertitude, je m'introduisis dans ce kiosque et collai, sur la première page blanche de son album, une déclaration brûlante à la suite de laquelle je la suppliais de me permettre de lui parler un moment, sans témoin, le soir, dans le jardin.

LÉOPOLD, *anxieux*. Eh bien ?

ROGER. Le soir même, fort tard, puisqu'il était plus de minuit, elle vint au rendez-vous, puis, effrayée par un bruit quelconque, se réfugia dans le kiosque où je ne tardai pas à la rejoindre.

LÉOPOLD. Et où elle vous aurait tout accordé ?

ROGER, *après un moment d'hésitation*. Tout !... (*A part, en levant ses bras au ciel.*) Hélas ! Qu'ai-je osé révéler ?

LÉOPOLD. Merci, mon ami, vous me sauvez plus que la vie !

ROGER. Qu'allez-vous faire maintenant ?

LÉOPOLD. Je vais rompre sous un prétexte.

ROGER. C'est cela ! (*Suppliant.*) Et vous me jurez encore de ne jamais rien dire ni faire qui puisse compromettre la personne dont j'ai trahi le secret, vous savez dans l'intérêt de qui ?

LÉOPOLD. Je vous le jure de nouveau ! (*Se levant.*) Merci donc et... (*Sans lui serrer la main.*) Adieu !

ROGER. Au revoir ! (*Léopold prend son chapeau et sort par la droite en marchant comme un homme ivre.*)

SCÈNE XII

ROGER, *seul, la main encore tendue*.

Quel événement ! grand Dieu ! Qu'ai-je fait ? Ah ! je le sens maintenant : Dans un véritable accès de folie causée par la jalousie, je viens de me déshonorer ! Eh ! tant pis ! je ne m'en repens pas, car, je le répète, tout plutôt que de perdre une maîtresse aussi adorée ! (*Il tombe dans un fauteuil en se couvrant le visage de ses mains.*)

FIN DU SECOND ACTE.

ACTE III

Un salon. Porte au fond donnant sur une salle à manger. Portes latérales.

SCÈNE I

LA BARONNE, STINA *et* LEOPOLD *sortent de la salle à manger*

LÉOPOLD, *donnant le bras à la baronne qu'il conduit à un fauteuil et à laquelle il fait un salut glacial.*) Ma tante...

LA BARONNE. Merci, mon cher enfant !

STINA, *gaiement.* Je vous affirme, mon cousin, que vous avez aujourd'hui quelque chose...

LÉOPOLD. Moi ? Rien !

LA BARONNE. Laisse donc un peu tranquille ce pauvre garçon !

STINA. Alors, pourquoi n'a-t-il presque pas mangé à souper ?

LÉOPOLD. Parce que je n'avais pas faim.

STINA. Pourquoi n'aviez-vous pas faim ?

LÉOPOLD. Ah !...

STINA. D'ailleurs, quand on ne mange pas, on parle ; or, monsieur n'a ouvert la bouche ni pour manger ni pour parler. Seriez-vous malade ?

LÉOPOLD. Non.

STINA. Eprouveriez-vous quelque vive contrariété ? (*Léopold garde le silence.*) Songez, Léopold, que je dois déjà prendre ma part de tout ce qui vous arrive d'heureux ou de malheureux ! (*Avec tendresse.*) Quel chagrin avez-vous ?

LÉOPOLD. Aucun.

LA BARONNE. Ne le tourmente pas ainsi !...

STINA. Tiens, tu es bonne, toi, maman : j'ai fait une toilette délicieuse pour lui plaire et il ne l'a pas même regardée !...

LÉOPOLD, *froidement.* Je vous demande pardon ; je l'ai remarquée et admirée.

STINA. Oseriez-vous me répéter cela en face ? Oh ! les

méchants yeux! Je ne vous les connaissais pas!...
Mon cousin, si vous n'êtes pas content de m'épouser,
dites-le!... Il est temps encore de vous raviser.

La baronne, *impatientée*. Mon Dieu, Stina, que tu
es coquette!

Stina. Pas du tout; je tiens seulement à ce que
Léopold s'explique clairement.

Léopold. Vous avez raison, ma cousine! Eh bien!
oui, j'en conviens, je suis poursuivi par une pensée
qui me martyrise, qui me tue!

Stina. O ciel!... Et depuis quand?

Léopold. Depuis cette nuit.

Stina. Ce matin, pourtant, vous sembliez encore
fort gai!

Léopold. Oui, mais ce soir... j'ai réfléchi, et...

Stina. Qu'y a-t-il?

Léopold. Tenez, franchement, je crains que vous ne
m'aimiez pas autant que... bref, je suis jaloux!

Stina. Quoi! Vous me feriez cet honneur?

La baronne. Ce n'est pas sérieux, je suppose?

Léopold. Pardon, ma tante!

Stina, *avec fierté*. Et qu'est-ce qui l'a fait naître, ce
bel accès de jalousie?

Léopold. Ma cousine, cette nuit, ne dormant pas, je
m'étais mis à ma croisée pour respirer l'air frais,
lorsque à la clarté de la lune, je vous ai vue vous
promener dans le jardin et causer avec ce jeune Français, votre locataire.

La baronne. Perdez-vous l'esprit, Léopold?

Stina, *gaiement*. Laisse-le donc raconter son histoire!

Léopold. Puis vous êtes entrée tout à coup dans le
kiosque où il vous a bientôt suivie et d'où vous n'êtes
sortis l'un et l'autre qu'au point du jour. J'en suis sûr,
car j'étais resté à vous épier.

Stina, *étonnée*. Oh! C'est trop amusant!

La baronne, *sévèrement*. Mon neveu, cette plaisanterie me semble... inconvenante au dernier point!

Léopold. Je ne plaisante pas.

La baronne. Comment?...

Stina. Alors, vous êtes complètement fou !

Léopold. Prouvez-le moi !

Stina. Soit ! (*Le regardant avec stupéfaction.*) Ainsi, sérieusement, vous osez m'accuser... Ah ! mais que je suis bête !... (*Elle sonne avec violence.*)

La baronne. Que fais-tu ?

Léopold, *effrayé*. Prenez garde !

Stina, *après leur avoir fait signe de se calmer.* Vous savez, mon cousin, que ma chambre à coucher est située entre celle de ma mère et celle d'Yvonne ? Je ne puis donc pas en sortir sans réveiller l'une ou l'autre de mes deux gardiennes. Or, ma mère a le sommeil si léger qu'un rien la réveille et... je ne pense pas que vous puissiez la soupçonner de complicité ?

Léopold, *vivement*. Non, certes !

Stina. Maintenant, vous reconnaîtrez avec moi qu'une fenêtre, située à un second étage, n'est pas un chemin dont puisse se servir une jeune fille pour sortir la nuit de sa chambre et pour y rentrer.

Léopold. Sans doute ; mais, de grâce, on vient : Ne mettez aucun domestique au courant de...

Stina. Ah ! permettez, vous oubliez que si votre honneur est désormais hors de cause, j'ai le mien à défendre : Il me faut donc faire jaillir la lumière n'importe par quel moyen !

SCÈNE II

Les mêmes, YVONNE, *entrant par le fond.*

Yvonne. Madame a sonné ?

Stina. Non, c'est moi.

Yvonne. Ah ! bien, mademoiselle.

Stina. Yvonne, sais-tu que tu as le sommeil furieusement lourd, puisque, cette nuit, j'ai pu, sans t'éveiller, traverser ta chambre, ouvrir la porte fermée au verrou et descendre au jardin.

Yvonne, *riant*. Oh ! pour ça, je réponds bien que non.

Stina. Cependant quelqu'un m'a vue m'y promener.

YVONNE, *énergiquement*. Celui qui prétend cela en a menti ! Quelle heure était-il ?

STINA. Minuit.

YVONNE. Ce n'est pas vrai, car je ne dormais pas !

STINA. Je dis minuit, il était peut-être un peu plus tard... (*A Léopold.*) N'est-ce pas ?

YVONNE, *avec assurance*. N'importe, mademoiselle, j'étais encore éveillée.

LA BARONNE. Et pour quelle raison ? Etais-tu malade ?

YVONNE. Non, madame la baronne, mais... (*Après quelque hésitation*). Je lisais.

LA BARONNE. Quoi donc ?

YVONNE. Un roman.

LA BARONNE. Quel roman ?

YVONNE. *Le Moine.*

LA BARONNE. Un mauvais livre, sans doute ?

YVONNE. Oui madame.

LA BARONNE. Qui te l'avait prêté ?

YVONNE. Le valet de chambre... d'en face.

LÉOPOLD. Il te fait la cour ; on me l'a dit.

LA BARONNE. Ah !... J'en apprends de belles sur ton compte !

YVONNE. Monsieur ne sait peut-être pas qu'il voudrait m'épouser ?

STINA. T'épouser ?

YVONNE. Oui, mademoiselle ; je lui ai même promis d'en parler à madame.

LA BARONNE. C'est bon ! c'est bon ! nous causerons de cela plus tard.

LÉOPOLD. Il s'est moqué de toi, ma pauvre fille : Le drôle ne pourrait pas t'épouser, puisqu'il est déjà marié.

YVONNE. Marié !

LÉOPOLD. Lui-même me l'a appris, ainsi...

YVONNE. Oh ! l'horreur d'homme ! Qu'il vienne me parler maintenant et m'offrir ses livres, il sera bien reçu !

LA BARONNE, *avec impatience*. En voilà assez sur ce sujet ! (*A Yvonne.*) Sortez !...

Yvonne. Oui, madame. (*A part.*) J'aurais dû m'en méfier ! Il était trop aimable ! (*Elle sort par la gauche.*)

SCÈNE III

Les mêmes, *moins* YVONNE.

Stina. Eh bien ! mon cousin, continuerez-vous à soutenir...

Léopold. Non; au surplus, je ne vous avais pas vue moi-même.

Stina, *d'un air triomphant*. Ah ! vous l'avouez, c'est heureux !

Léopold. Je n'ai fait que répéter ce qu'on m'a dit.

Stina. Qui ça ?

Léopold. Quelqu'un en qui je puis avoir confiance.

Stina. Plus qu'en moi, à ce qu'il paraît ! Et ce quelqu'un ?...

Léopold. C'est Roger Lefèvre, votre complice !

La baronne. Hein ?

Stina. Ce monsieur que je connais à peine ?

La baronne, *avec fureur*. Quoi ! misérable ! tu prétendrais encore que ma fille est coupable ?

Stina, *cherchant à calmer sa mère*. Laisse, maman, laisse ! je t'en conjure ! (*A Léopold.*) Et que vous a-t-il conté, ce monsieur ?

Léopold. Que vous lui aviez inspiré une passion...

Stina. Insensée ?

Léopold. Vous vous en doutiez bien un peu, n'est-ce pas ?

Stina. C'est vrai : j'avais fini par remarquer qu'il cherchait toutes les occasions de m'apercevoir, de se rapprocher de moi, de me parler, et surtout qu'il me regardait d'une façon... singulière.

Léopold. Et comment le trouviez-vous ?

Stina, *après un moment d'hésitation*. Très bien.

Léopold. Voyez-vous ? J'aurais parié qu'il vous plaisait !

Stina. J'en conviens; mais vous oubliez que j'étais alors promise, fiancée !... Je cessai donc aussitôt de descendre au jardin où nous nous fussions inévitablement rencontrés; je n'allai plus au kiosque; j'évitai même de me mettre à ma croisée, sur laquelle il tenait sa lorgnette continuellement braquée; enfin, j'adoptai un autre côté du Prater pour nos promenades du soir. Tu te le rappelles, maman?

La baronne. En effet.

Léopold. Ce fut justement pour combattre cette froideur nouvelle de votre part, qu'il osa glisser dans votre album un billet où il vous déclarait son amour et vous suppliait de vous rendre seule, le soir même, au jardin.

La baronne. Quelle abomination!

Stina, *pleine de sang-froid.* Dans mon album, dites-vous? Voyons! (*Courant ; rendre l'album sur la table et l'ouvrant.*) Ah! vous avez raison: Voici une lettre dont un des coins est collé sur la première page blanche! Mais je vous prie de constater que cette enveloppe n'ayant pas été décachetée, son contenu n'a pas été lu par moi. Ouvrez-la vous-même, de grâce!

Léopold. A quoi bon? C'est inutile! (*Tombant à ses genoux.*) Pardonnez-moi, ma cousine, je vois clair à la fin dans la conduite du vil calomniateur qui s'est vanté auprès de moi de vous avoir séduite, et je sais maintenant ce qu'il me reste à faire pour redevenir digne de vous!

Stina, *effrayée.* Quoi donc?

Léopold. Soyez tranquille!

La baronne. A la bonne heure, Léopold, je vous retrouve! (*Portant la main à son cœur.*) Ah! mes enfants, que d'émotions! Je me sens toute souffrante et vous demande la permission de me retirer dans ma chambre!

Stina. Je crois bien! Pauvre chère mère, comme je vais te soigner! Viens avec moi! (*Elle soutient la baronne et toutes deux sortent par la gauche.*)

SCÈNE IV
LEOPOLD, *seul.*

Léopold. Oui, certes, je sais ce qu'il me reste à

faire ! *(Il s'assied à la table et écrit en se dictant tout haut.)* « Monsieur, j'ai manqué à mon serment en dévoilant un secret qui devait rester enseveli entre nous, et j'exige que vous me signiez la rétractation suivante, ou me rendiez raison, dans un duel à mort, de l'infâme calomnie que vous avez forgée sur le compte de ma cousine, mademoiselle Polgar. Signé, le comte Léopold Czerny. » Maintenant, rédigeons la note en question ! *(Il réfléchit un moment, puis écrit, en se dictant toujours :)* « Moi, Roger Lefèvre, propriétaire, demeurant à Paris, boulevard Malesherbes, n°..., je reconnais m'être rendu coupable envers mademoiselle Christina Polgar d'une accusation fausse et de nature à compromettre son honneur. Fait à Vienne (Autriche), ce... » Puis, *(glissant et enfermant les deux papiers dans une enveloppe.)* mettons l'adresse et envoyons cela bien vite !...

SCÈNE V

LÉOPOLD, YVONNE, *entrant par la gauche et se dirigeant vers la porte du fond.*

Léopold. Yvonne, mon domestique est-il là ?

Yvonne. Non, monsieur le comte, aussitôt après son souper, Ulrich est allé s'acquitter de la commission que vous lui aviez donnée.

Léopold. Dès qu'il sera de retour, tu le préviendras que j'ai une lettre à lui faire porter ici près.

Yvonne. Ici près !... *(Effrayée.)* Sans doute au jeune homme qui loge dans le pavillon ?...

Léopold, *mettant la lettre dans sa poche.* Justement.

Yvonne. Et qui serait aussi un monstre, à ce que prétendent madame et mademoiselle...

Léopold. Hélas oui, ma pauvre fille !

Yvonne. Oh ! je n'en reviens pas ! Il paraissait si gentil, si convenable !... L'autre, c'est différent, et encore... Tiens, on sonne à la grande porte ! *(En soupirant.)* Décidément, plus les hommes vous plaisent, plus il faut s'en méfier !...

ACTE III, SCÈNE VIII

LÉOPOLD. Eh bien! va donc ouvrir!
YVONNE, *sortant par le fond sans se presser.* Tout de suite, monsieur.

SCÈNE VI
LEOPOLD, *seul.*

LÉOPOLD. Je ferais peut-être mieux d'aller immédiatement m'expliquer avec lui? oui, c'est cela! (*Il se dirige vers le fond.*)

SCÈNE VII
LEOPOLD, LA BARONNE, *puis* STINA, *sortant précipitamment toutes deux de la chambre à gauche.*

LA BARONNE. Léopold, avez-vous recommandé à Yvonne de dire que nous ne recevons pas?
LÉOPOLD. Ma foi non!...
LA BARONNE. Tant pis, car je ne veux voir personne!

SCÈNE VIII
LES MÊMES, YVONNE, *revenant tout effarée et refermant avec soin la porte du fond*

YVONNE. Madame! Oh! quel toupet!... c'est lui!...
LA BARONNE. Qui ça?
YVONNE. Le monstre, votre locataire!...
LÉOPOLD. Hélas! c'est de ma faute : Je lui avais transmis votre invitation...
YVONNE. Je viens de lui annoncer que ces dames étant un peu souffrantes, je ne savais pas si elles pourraient le recevoir. Alors, il attend dans la salle à manger.
LA BARONNE. Quant à moi (*avec fureur*) je ne saurais me trouver en face de cet homme!...
LÉOPOLD. Ne craignez rien, ma tante, je vais vous en débarrasser!...
STINA, *avec énergie.* Je m'y oppose, mon cousin; Yvonne, fais entrer!
LA BARONNE. Stina, tu perds la tête!
LÉOPOLD. Ma cousine, y songez-vous?
STINA. Parfaitement : Je tiens à lui faire avouer la

vérité, ici même, devant vous. (*à Yvonne.*) Fais entrer, te dis-je.

Yvonne, *en regardant la baronne.* Faut-il, madame?

La baronne. Ah! je n'ai plus la force de réfléchir! (*se jetant dans un fauteuil en se couvrant le visage de ses mains.*) Mon Dieu, mon Dieu, que va-t-il se passer?...

Léopold, *faisant un pas vers le fond.* C'est moi seul que cela regarde!

Stina, *le retenant.* Non, Léopold, laissez-moi faire! (*à Yvonne en la poussant violemment.*) Va, va donc, toi!

Yvonne, (*sur le seuil de la porte du fond qu'elle a ouverte à deux battants et annonçant*) : Monsieur Roger Lefèvre.

SCÈNE IX

Les mêmes, ROGER. *Dès que celui-ci est entré,* YVONNE *sort et referme la porte du fond.*

Roger, *en toilette de soirée, s'avançant vers la baronne qu'il salue profondément.* Madame la baronne, l'empressement avec lequel je me rends à votre si aimable invitation vous prouve le prix que j'attache à l'honneur que vous voulez bien me faire. (*La baronne, sans répondre, continuant à se cacher le visage.*) Vous êtes un peu malade, je crois?... (*après un moment d'attente, il se tourne vers Stina, puis la salue en lui souriant d'un air passionné.*) Mademoiselle, combien je suis heureux!... (*rencontrant le regard courroucé de la jeune fille.*) Mais je crains d'être indiscret; vous souffrez aussi? (*à part.*) Qu'y a-t-il donc? pourquoi ce silence général? (*à Léopold, en lui tendant la main.*) Quant à vous, cher ami!...

Léopold, *retirant sa main.* Monsieur...

Roger. Monsieur!... Ah! ça, que signifie cette réception?

Léopold. C'est la seule dont vous soyez digne!

Roger. Plaît-il?

STINA. Parlez, monsieur; c'est à vous de faire la lumière sur ma conduite!

ROGER. Sur votre conduite, mademoiselle?

STINA. Oui. Ne vous êtes-vous pas vanté à mon cousin, mon fiancé, de m'avoir séduite, déshonorée?

ROGER. Qu'entends-je?

LA BARONNE, *découvrant son visage.* Oh! c'est inouï!... et jamais pareille infamie.....

ROGER, *à Léopold.* Quoi! vous avez osé...

LÉOPOLD. Fort heureusement, car j'ai acquis ainsi la preuve de la parfaite innocence de ma cousine, qui a passé toute la nuit dernière dans sa chambre, sous la garde de sa mère, d'un côté; de sa sœur de lait, de l'autre!

ROGER, *après un moment de silence général.* Vous avez raison, je le reconnais, je me suis vanté à tort, j'ai menti effrontément.

LÉOPOLD. Quant au rendez-vous nocturne auquel vous accusiez mademoiselle Polgar de s'être trouvée, (*courant prendre l'enveloppe et l'ouvrant,*) voici l'album avec la lettre en question, et je vous prie de vous assurer que son enveloppe n'a pas même été ouverte!

ROGER, *après avoir jeté un coup d'œil sur l'enveloppe.* En effet, je n'y comprends plus rien, sinon que que je suis un... malheureux!

LA BARONNE, *froidement.* Dites un misérable!

ROGER. Oui, un misérable! (*Sanglotant, les mains jointes et se jetant aux pieds de la Baronne.*) Ah! madame, je vous demande pardon à genoux! (*La Baronne se détourne sans répondre.*) (*A Stina :*) Et vous, mademoiselle, vous envers qui je viens de commettre le plus odieux de tous les crimes, ayez pitié de l'état de mon cerveau et surtout de mon cœur!...

STINA, *touchée.* Relevez-vous, monsieur, je vous pardonne!

ROGER, *se relevant.* Oh! Merci!

STINA, *à part, avec des larmes dans la voix.* C'est singulier pourtant, je ne saurais voir pleurer un homme sans être émue! (*Haut, à sa mère et à Léopold, d'un air triomphant.*) Eh! bien, je l'avais annoncé : Il reconnaît ses torts!

Roger, *à part.* Quel aplomb! quelle effronterie! quelle impudence!

Léopold, *s'avançant vers lui en portant la main à sa poche.* Maintenant, à nous deux!

Stina, *vivement.* Mon cousin, un instant, je n'ai pas fini ; je tiens à savoir de monsieur dans quel but incompréhensible il a pu agir de la sorte.

Roger, *interdit.* Mademoiselle...

Stina, *après quelques moments d'attente.* Vous vous taisez? Vous n'osez pas vous confesser publiquement?

Roger. Non, c'est vrai.

Stina, *avec bonté.* Allons, je vais tâcher de vous aider un peu, par mes questions auxquelles vous répondrez avec franchise ?

Roger. Je m'y engage.

Stina. Tenez, je veux bien admettre que vous ayez conçu pour moi un sentiment aussi profond que... peu respectable, puisqu'il vous a inspiré une action... blâmable ou dernier point.

Roger. Dites : Ignoble, atroce ! (*A part.*) Si l'on ne croirait pas entendre parler l'innocence même !

La baronne, *révoltée.* Ma fille, assez !

Stina, *continuant sur le même ton.* Seulement, je cherche en vain à comprendre le mobile qui a pu vous guider, à moins que ce ne soit le désir d'empêcher mon mariage avec...

Roger, *vivement.* Oui, c'est cela !

Stina, *timidement.* Que sais-je encore ? Peut-être votre nom roturier et votre naissance qui... ne doit pas être égale à la mienne, vous ont-ils, malgré votre grande fortune, fait craindre un refus de notre part ?

Roger. Justement : Vous avez tout deviné; mais je réparerai le tort que j'ai pu vous causer, en proclamant bien haut, s'il le faut, que je suis un vantard, un menteur.

Léopold, *lui présentant sa lettre.* Dans ce cas, vous n'hésiterez pas à signer la rétractation ci-incluse, en échange de laquelle nous vous accorderons le bénéfice des circonstances atténuantes.

ROGER, *après avoir lu le papier que lui a présenté Léopold.* Moi, signer ce papier ! (*Le jetant sur la table.*) Jamais !

LÉOPOLD. Comment ?

LA BARONNE. Pourquoi ne pas reconnaître la vérité ?

ROGER. Parce que ce n'est pas la vérité ! (*Avec fureur.*) Non, je suis un être immoral, un débauché, un infâme corrupteur, tout ce que vous voudrez enfin, excepté un calomniateur et un lâche !

LA BARONNE. Quoi ! vous soutenez alors que ma fille...

ROGER. A passé la nuit dernière avec moi dans le kiosque, oui, et la preuve... (*Il se penche à l'oreille de la baronne et prononce quelques mots à voix basse.*)

LA BARONNE. Ciel ! (*Elle se renverse sur son fauteuil et paraît au moment de s'évanouir.*)

STINA, *accourant à son secours.* Qu'y a-t-il donc ?

LA BARONNE, *se relevant et repoussant sa fille.* Arrière ! arrière ! fille maudite ! ne m'approchez pas ! vous me faites horreur !

LÉOPOLD, *à part.* Hélas ! je ne sais plus que penser !

STINA. Ma pauvre mère, dans quel état tu te mets, et pour rien encore, car il est évident que cet infortuné ne jouit pas de son bon sens !

ROGER. Oh ! pour ça, vous avez raison ! (*A Léopold.*) Monsieur, il faut absolument que je vous parle en particulier !

LÉOPOLD. J'allais vous faire le même demande; venez par ici, dans ma chambre ! (*après l'avoir fait sortir par la droite, et avant de le suivre.*) De gré ou de force, il me faut sa signature !

SCÈNE X

LA BARONNE, STINA.

STINA, *s'empressant autour de sa mère.* Voyons, es-tu un peu plus calme et peux-tu m'écouter ?

LA BARONNE. Non, malheureuse enfant! tu m'as

trompée! je te regarde comme un être vil, sans pudeur!
STINA, *riant.* Moi?
LA BARONNE. Cet homme ne vient-il pas de m'en donner une preuve certaine?
STINA. Laquelle?
LA BARONNE, *bas.* Si tu n'étais pas coupable, comment saurait-il que tu as un signe sur une partie du corps que personne...
STINA. Que me dis-tu là?... Je n'en reviens pas!... à moins, ce que je puis croire, qu'Yvonne ne m'ait trahie!...
LA BARONNE. Non, non, ne cherche plus à m'abuser!
STINA. Ah! tiens, mère chérie, si je ne te voyais pas dans cet état, je rirais de bon cœur, car, enfin, tout incompréhensible que puisse être cette preuve, je te jure qu'elle n'a rien de valable.
LA BARONNE. Assez d'impudence! Taisez-vous! Songez qu'il existe des moyens matériels de savoir la vérité, en vous réduisant au silence et à la honte que vous méritez!
STINA. Que ne le disais-tu plus tôt? Quels qu'ils soient, employons-les immédiatement; je me soumets avec joie à toutes les épreuves. Tu verras alors combien nous sommes, moi, innocente, et toi, victime de ta crédulité!
LA BARONNE. On vient, prenez garde!

SCÈNE XI

LES MÊMES, LEOPOLD, *puis* ROGER *sortant de la porte à droite.*

LÉOPOLD. Ma tante, un dernier mot?
LA BARONNE, *apercevant Roger.* Encore lui!...
STINA, *à Roger.* Oh! partez, monsieur, par pitié pour ma mère!
LA BARONNE, *sévèrement.* Mon neveu, vous abusez étrangement de notre patience : Depuis longtemps, la place de... ce monstre n'est plus ici!
LÉOPOLD. Permettez, ma tante, *(Serrant la main de Roger)* mon ami Roger Lefèvre est un galant homme

qui, repentant d'une conduite à peine rendue excusable par sa jalousie, par sa passion, vient solliciter de vous l'autorisation de tout réparer.

La baronne, *joyeuse*. Il se pourrait?

Roger, *suppliant*. Oui, madame, accordez-moi la main de votre adorable fille dont je suis follement épris, vous le voyez!

Stina. Ma main, à vous? Jamais!

La baronne. Cependant, puisqu'il te plaisait?

Stina. Avant de le connaître, c'est possible, mais aujourd'hui, je le méprise et je le hais! (*Se croisant les bras.*) Ah! ça, Léopold, vous me croyez donc coupable, que vous nous conseillez... (*Avec mépris,*) une pareille mésalliance?... A moins que...(*En souriant.*) vous n'ayez peur de monsieur qui est, — vous nous l'avez dit, — très brave et fort habile à tous les exercices du corps?

Léopold, *avec désespoir*. Oh! ma cousine, vous vous montrez par trop cruelle et par trop injuste envers moi!

Roger. En effet, mademoiselle, car il est convenu entre Léopold et moi, que, si vous ne m'accordez pas ma grâce pleine et entière, nous nous rencontrerons demain dans un duel à mort. (*Bas à Stina qui a fait un mouvement.*) Rassurez-vous : Je ne me défendrai pas!

Stina, *sanglotant*. Ah! laissez-moi tous!... Je ne veux pas qu'on se batte pour moi!... J'irai me jeter aux pieds de l'impératrice qui m'aime, m'estime, elle, et saura bien me protéger! (*On entend une dispute en dehors.*)

La baronne. D'où vient ce bruit?

SCÈNE XII

Les mêmes, YVONNE, *entrant comme une furie et laissant ouverte la porte du fond par laquelle on aperçoit* JEAN *en grande livrée.*

Yvonne, *à la baronne*. Madame, voici l'autre maintenant!

La baronne. Qui ça : l'autre?

Yvonne. Le domestique de... (*montrant Roger*) monsieur, qui apporte un télégramme. Je vous prie de croire que je l'ai traité comme il mérite de l'être; mais il prétend que c'est pressé et qu'il n'a pas le temps de m'écouter.

Jean, *fort troublé, entrant et remettant un papier de couleur à son maître.* Monsieur, sachant que monsieur était ici et ne voulant pas faire attendre monsieur, je... voilà! (*Il fait mine de se retirer.*)

Yvonne, *le retenant par le bras.* Un instant! expliquons-nous d'abord, devant madame! M'avez-vous fait la cour, oui ou non?

Jean, *hésitant toujours avant de répondre.* Oui.

Yvonne. M'avez-vous prêté de mauvais livres?

Jean. Oui.

Yvonne. Ne m'avez-vous pas dit que vous seriez enchanté de m'épouser?

Jean. Oui.

Yvonne. Et pourtant vous étiez déjà marié?

Jean. Oui.

Yvonne, *furieuse.* Oui! il l'avoue! Oh!...

Jean, *vivement.* Mais je ne le suis plus.

Yvonne. Comment ça?

Jean. Je suis veuf.

Yvonne. Depuis quand?

Jean. Depuis ce soir. (*Montrant une lettre.*) Je viens d'en recevoir la nouvelle.

Yvonne, *radieuse.* Ah! c'est différent, et si vous êtes toujours dans les mêmes idées?

Jean. Toujours.

Yvonne. Et si madame y consent?

La baronne, *impatientée.* Laissez-moi!... Sortez tous deux! (*Yvonne cherche en vain à entraîner Jean qui se refuse à la suivre, en montrant son maître.*)

Roger, *après avoir lu le télégramme.* Que vois-je? (*A Léopold, en lui tendant le télégramme.*) Tenez, Léopold, lisez haut ceci, je vous en conjure!

Léopold, *lisant haut.* « Pari perdu par moi, mais expérience scientifique réussie: Ma potion, composée de hachish et d'autres plantes exotiques a transformé dans votre cerveau une idée fixe en réalité. Rien de vrai dans votre séduction ; rendez-vous imaginaire; signe compromettant tiré des indiscrétions de Lavater, quelquefois exactes. Amitiés. Stanislas Orinski. »

Roger. *la tête dans ses mains.* Je comprends tout maintenant ! Vous aussi, n'est-ce pas, Léopold ?... (*Suppliant.*) Madame !... Mademoiselle !...

Léopold. Parfaitement : Ce pauvre Roger a été victime d'une illusion produite par le maudit breuvage du docteur !

La baronne. Ainsi, Léopold, à vos yeux, Stina est pure ?...

Léopold. Comme l'enfant qui vient de naître !

La baronne, *embrassant sa fille.* Ah ! ma chérie, oublie toutes mes injures !...

Stina. Sois donc tranquille, bonne mère, je pardonne à tout le monde, (*montrant Roger*) même à monsieur, puisqu'il n'a été coupable que de...

Roger. Que d'une infamie pour ne pas vous perdre!

Stina. Je le sais. Quant à vous, Léopold, vous avez fait votre devoir de bon parent, de courageux défenseur, et votre conduite a été d'autant plus admirable que vous doutiez un peu de moi. Celle de votre ami, au contraire, a été abominable; mais il m'aime comme je désire être aimée ! Permettez-moi donc de vous retirer ma main, (*Léopold s'incline en signe d'assentiment*) et, avec le consentement de ma mère...

La baronne. Je n'y comprends rien ! Fais ce que tu voudras !

Stina, *tendant sa main à Roger...* de la lui donner.

Roger, *se jetant sur la main de Stina, qu'il couvre de baisers.* A moi !... Ah !...

Yvonne. Comment! mademoiselle épouse le monstre?

Stina. Que veux-tu ? L'amour excuse tout !

Yvonne. C'est pourtant vrai ! (*Elle sourit à Jean, en acceptant son bras. A part.*) Décidément, je lirai mon troisième volume !

Stina, *bas à Roger.* Pourvu maintenant que la réalité ne vous semble pas trop inférieure au rêve !

Roger. Je ne crains pas cela ! (*La serrant sur son cœur.*) Dieu ! Quelle ivresse ! (*La toile tombe.*)

FIN

TABLE

	Pages
Une Nuit de Noces....................	1
Heureux Père!.......................	22
La Continence de Scipion.............	43
Un Ricochet d'amour.................	64
Lucette.............................	84
Que faire?..........................	115
La Vérité...........................	174

Paris. — Typ. Collombon et Brûlé, rue de l'Abbaye, 22.

www.ingramcontent.com/pod-product-compliance
Lightning Source LLC
Chambersburg PA
CBHW051905160426
43198CB00012B/1752